# 建築図学

第2版

本書を発行するにあたって，内容に誤りのないようできる限りの注意を払いましたが，本書の内容を適用した結果生じたこと，また，適用できなかった結果について，著者，出版社とも一切の責任を負いませんのでご了承ください．

本書に掲載されている会社名・製品名は一般に各社の登録商標または商標です．

　本書は，「著作権法」によって，著作権等の権利が保護されている著作物です．本書の複製権・翻訳権・上映権・譲渡権・公衆送信権（送信可能化権を含む）は著作権者が保有しています．本書の全部または一部につき，無断で転載，複写複製，電子的装置への入力等をされると，著作権等の権利侵害となる場合があります．また，代行業者等の第三者によるスキャンやデジタル化は，たとえ個人や家庭内での利用であっても著作権法上認められておりませんので，ご注意ください．
　本書の無断複写は，著作権法上の制限事項を除き，禁じられています．本書の複写複製を希望される場合は，そのつど事前に下記へ連絡して許諾を得てください．

出版者著作権管理機構
（電話 03-5244-5088，FAX 03-5244-5089，e-mail：info@jcopy.or.jp）

JCOPY ＜出版者著作権管理機構 委託出版物＞

# 建築図学

工学博士 佐藤 平 [編著]

## 第2版

Ohmsha

# 序

　図学とは，図法幾何学 (descriptive geometry) の略語であり，幾何学の一分野である．

　幾何学とは，エジプトのナイル河およびバビロニアのチグリス・ユーフラテス両河のほとりに起こったもので，土地測量がその源といわれている．その後，この測量技術を最初に学問的に体系づけたのは数学者タレス(BC 624～546)であるが，われわれが今日使用している幾何学は，主としてユークリッド (BC 300年頃) によって体系づけられたものである．

　しかし，このユークリッドによって体系づけられた幾何学の定理も，今日では多くの論議をまき起こし，新しい幾何学がつぎつぎと生まれてきている．われわれは，これをユークリッドの幾何学と違う幾何学として，非ユークリッド幾何学と称しているが，本書は，幾何学そのものの解説書ではないため，ここではユークリッド幾何学を基本として説明することにした．

　この幾何学の一部を図法幾何学として表わしたのは，フランス人のガスパール・モンジュ（1746～1818）である．これは，幾何学があらゆる自然科学の基礎となることから，高等工芸学校の基礎教養科目として講義したのが始まりとされている．

　今日，わが国でも自然科学系の学問を学ぶ場合，その基礎教養科目として位置づけされているのはそのためである．

　特に前述したように幾何学の起源，その発達の過程が，土木や建築に関連したものであったことを考えると，建築を学ぶ学生にとっては，単なる教養科目というだけでなく，学ばざるを得ない必須科目の一つとして考えるべきであろう．

　図学を学ぶ学生や教師の中には，実際の製図に役立たない無用のものであるという意見もあり，各大学の図学の講義内容を調べてみると，平面図学を省略したり，立体図学の一部を省略している大学も多い．しかし平面図学も立体図学も建築の

基礎として大変重要な内容を持つものであることはいうまでもない．

　そこで本書は，平面図学，立体図学とも，なるべく建築の実例と関連づけながら全体をまとめ，説明してきた．

　また4章は，平面図学はもちろん透視図法等も，これからはコンピューターによる図形処理が進んでくるだろうという予測から，コンピューターによる図形処理の項目を設け，コンピューターのハードウェア，およびペンプロッター・静電プロッター・グラフィックディスプレイ装置・ソフトウェア等の説明をしておいた．さらに，図形を描くプログラム・投象図を描くプログラム等についても説明しておいた．

　しかし最近は，コンピューターによる図形処理方法が日進月歩，当時のように大型コンピューターを使用しなくても，パソコンで容易に図形処理ができるようになってきた．そこで今回の改訂版では，この4章を全面的に改訂し（松井担当），パソコンで処理ができるようにわかりやすく説明した．その内容は，文中に説明してあるように，初心者にもわかりやすいよう，ハードウェアとソフトウェアの違い，図形処理のフロー，変換のしかたなどプログラムにしたがって進めれば容易にできるように説明してある．それと同時に，今回製図用具についても，できるだけ最近の用具も取り入れて説明した．

　2002年1月

佐藤　平

# 目　次

## 1章　平面図学

1・1　直線，円，正多角形 ……………… 1
　1.　直線 ……………………………… 1
　　（1）　直線の垂直2等分線を求める …… 3
　　（2）　直線の$n$等分線を求める ……… 3
　　（3）　角の2等分線を求める ………… 4
　　（4）　角の$n$等分線を求める ………… 5
　2.　円弧，円周 ……………………… 6
　　（1）　円弧の長さに等しい直線 ……… 8
　　（2）　直線の長さに等しい円弧 ……… 8
　　（3）　円周の長さを求める …………… 9
　　（4）　半円周の長さを求める ………… 10
　3.　正$n$角形 ………………………… 10
　　（1）　正三角形 ………………………… 12
　　（2）　正五角形 ………………………… 13
　　（3）　正六角形 ………………………… 14
　　（4）　正$n$辺多角形 …………………… 17
1・2　円錐曲線 ……………………………… 20
　1.　放物線 ……………………………… 22
　　（1）　準線と焦点が与えられて
　　　　　放物線を描く（その1） ……… 23

（2）準線と焦点が与えられて
　　　　　放物線を描く（その2）　………　24
　　　（3）一つの直径と頂点における接線
　　　　　および曲線上の一点が与えられ
　　　　　て放物線を描く　………　24
　　2．楕円　………………………………　25
　　　（1）長軸と焦点が与えられて
　　　　　楕円を描く（その1）…………　26
　　　（2）長軸と焦点が与えられて
　　　　　楕円を描く（その2）…………　27
　　　（3）長軸と短軸が与えられて
　　　　　楕円を描く　………　27
　　　（4）一対の共役直径が与えられて
　　　　　楕円を描く　………　28
　　3．双曲線　………………………………　28
　　　（1）2焦点と2頂点が与えられて
　　　　　双曲線を描く（その1）　………　29
　　　（2）2焦点と2頂点が与えられて
　　　　　双曲線を描く（その2）　………　29
　　　（3）2頂点と漸近線が与えられて
　　　　　双曲線を描く　………　30
　　　（4）2頂点と曲線上の一点が与えら
　　　　　れて双曲線を描く　………　30
　1・3　その他の曲線　………………………　31
　　1．うずまき線，伸開線　………　31
　　　（1）アルキメデスらせんを描く　………　32
　　　（2）対数らせんを描く　………　33
　　　（3）円の伸開線を描く　………　34

2. 転跡線 ……………………… 35
　（1）普通サイクロイドを描く ……… 35
　（2）低トロコイドおよび高トロコイド
　　　を描く ………………………… 36
　（3）外転および内転サイクロイドを描く… 37
　　3. 懸垂線 ………………………… 37
　　4. 自由曲線 ……………………… 40

## 2章　立体図学

2・1　立体 ……………………………… 41
　　1. 多面体 ………………………… 41
　（1）一般多面体 …………………… 42
　（2）正多面体 ……………………… 43
　（3）角錐 …………………………… 44
　（4）角柱 …………………………… 44
　　2. 曲面体 ………………………… 45
　（1）単曲面体 ……………………… 45
　（2）ねじれ面体 …………………… 46
　（3）複曲面体 ……………………… 48
2・2　投象 ……………………………… 50
　　1. 正投象 ………………………… 52
　　2. 点の正投象 …………………… 54
　（1）点の正投象図を描く ………… 54
　（2）点の副投象図を描く ………… 56
　　3. 線の正投象 …………………… 57
　（1）直線の実長と傾角を求める …… 61
　（2）直線の実長とその傾角を

　　　　　副投象面を使って求める ……　…　…　62
（3）　相交わる2直線の夾角を求める　…　…　64
4.　平面の正投象 …　…　…　…　…　…　65
（1）　平面Tの傾角を求める　…　…　…　66
（2）　2平面間の交線の投象図を求める　…　67
（3）　平面の両跡間における開角を
　　　　　求める ……　…　…　…　…　…　68
（4）　平面上にある三角形の実形
　　　　　を求める ……　…　…　…　…　69
（5）　与えられた平面上に
　　　　　正六角形の投象図を描く ……　…　70
（6）　2平面間の夾角を求める　…　…　…　71
5.　多面体の正投象 …　…　…　…　…　71
（1）　正四面体の投象図を求める　…　…　74
（2）　正六面体の投象図を求める　…　…　75
（3）　正八面体の投象図を求める　…　…　76
（4）　角錐の投象図を求める　…　…　…　77
（5）　角柱の投象図を求める　…　…　…　78
6.　立体の展開 …　…　…　…　…　…　79
（1）　多面体の展開図を求める　…　…　…　79
（2）　直立円錐の展開図を求める　…　…　80
（3）　柱面の展開図を求める　…　…　…　82
（4）　球面の展開図を求める　…　…　…　83
7.　立体の切断 …　…　…　…　…　…　84
（1）　三角錐の切断面の投象図を求める　…　85
（2）　六角柱の切断面の実形を求める　…　86
（3）　円錐の切断面を求める　…　…　…　87
8.　立体の陰影 …　…　…　…　…　…　88

（1） 直立四角柱の陰影 ……………… 89
（2） 四角錐の陰影 …………………… 90
（3） 直立円柱の陰影 ………………… 91

## 3章　単面投象（立体の図法）

3・1　標高平面図と斜投象と軸測投象 …… 94
　1.　標高平面 ………………………… 95
　2.　斜投象 …………………………… 95
　（1） 斜投象の傾角と比率 …………… 97
　（2） 立体の斜投象図を描く ………… 98
　3.　軸測投象 ………………………… 99
　（1） 軸測軸の方向が与えられて
　　　　軸測投象を描く ……………… 100
　（2） 軸測比が与えられて軸測投象を描く … 100
　4.　等測投象と等測図 ……………… 101
　（1） 立体の等測図を求める ……… 103
　（2） 円の等測図を求める ………… 104
3・2　透視投象 ………………………… 105
　1.　透視図法の分類 ………………… 107
　（1） 使用図面の違いによる分類 …… 107
　（2） 物体の軸方向の違いによる分類 … 108
　2.　直接法 …………………………… 108
　（1） 直接法（視線法）による透視図法 … 108
　（2） 三平面法による透視図法 …… 109
　3.　消点法 …………………………… 110
　（1） 平行透視図法 ………………… 110
　（2） 有角透視図法 ………………… 114

（3）鳥瞰図法 …… …… …… …… …… 121
　　（4）斜透視図法 …… …… …… …… 123
　　（5）反映透視図法 …… …… …… …… 124
　　（6）陰影透視図法 …… …… …… …… 126
　4．測点法 …… …… …… …… …… 133
　5．距離点法 …… …… …… …… …… 135
　6．介線法 …… …… …… …… …… 135
　7．網膜透視図法 …… …… …… …… 137
　　（1）網膜投象曲線の仮説 …… …… …… 138
　　（2）立方体の網膜透視図法 …… …… …… 139

## 4章　コンピューターによる図形処理

4・1　ハードウェアとソフトウェア …… …… 141
　1．ハードウェア …… …… …… …… 141
　2．ソフトウェア …… …… …… …… 142
4・2　図形処理のフロー …… …… …… 143
　1．モデリング …… …… …… …… 144
　　（1）ワイヤーフレームモデル …… …… 144
　　（2）サーフェイスモデル …… …… …… 145
　　（3）ソリッドモデル …… …… …… 146
　2．変換 …… …… …… …… …… 146
　　（1）座標変換 …… …… …… …… 146
　　（2）投象変換 …… …… …… …… 146
　　　（a）平行投象変換 …… …… …… 146
　　　（b）透視投象変換 …… …… …… 147
　3．隠れ面処理とレンダリング …… …… 154
おわりに …… …… …… …… …… 154

## 付録　製図用具

1. 製図用具の種類と取扱い ……………… 155
（1） 製図機械 …………………………… 155
（2） 製図器 ……………………………… 158
（3） 定規 ………………………………… 161
（4） 製図用品 …………………………… 163
2. 製図用紙の種類と用途 ………………… 165
（1） 原図用紙 …………………………… 165
（2） 透写用紙 …………………………… 165
（3） 彩色用紙 …………………………… 166

## 索　引

# 建築図学

第2版

# 1章 平 面 図 学
(practical plane geometry)

　最近では，平面図学は建築の専門教育にあまり役に立たないからとか，学生があまり興味を持たないからとかいう理由で，大学教育から平面図学を省略する学校が増加してきているように思われる．しかし，実際に建築の図面を起こす場合は，最初に平面のイメージを考えてから，つぎに形のイメージを描くことが多い．もちろん，平面のイメージよりも形のイメージの方を優先させるという考え方もあるが，モニュメント的な建築物を除くと数少ない．
　これらのことはさておいても建築の図学を考える場合，やはり平面図学を省略して，直接，立体図学 (practical solid geometry) や透視図法 (perspective drawing) に入ることは，基本を無視した邪道のような気がする．なぜなら平面図学は，図学の中でも最も基本的で基礎的なものであるからである．
　本章では，以上のことを勘案して平面図学のうち，最も基本的なもので，かつ，建築を学ぶ上で，比較的関連の深いと思われるものだけを取り上げてみることにした．

## 1・1　直線，円，正多角形
### 1.　直線 (straight line)
　直線は線の最も基本的なものである．建築の図面もそのほとんどがこの直線の交錯によって成り立っている．そして一本一本の直線が無駄なくいろいろの形や，材料を表現している．線を一本多く描いたり少なく描いたりすることは，場合によっては建築施工上大きな間違いを起こすことにもなりかねない．そのようななかで，始めての学生に平行線を引かせたりあるいは，線の分割の演習をさせたりすると，かなりいいかげんなものもでてくる．やはり建築を学ぶ以上は，定規を使って一本一本正確に描くようにしたい．図1・1は，木造2階建住宅の平面図を描いたものである．このように，始めから一本一本正確な線を引くように心掛けたい．

1章 平面図学

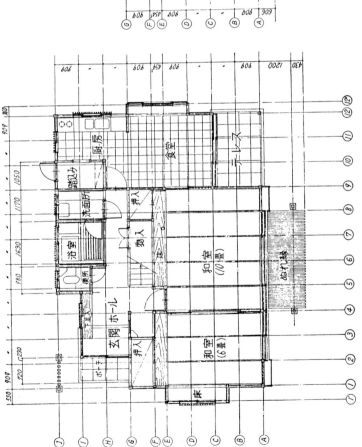

図 1·1 建築設計図の例（木造2階建住宅平面図）．

(1) **直線の垂直2等分線を求める** 直線 AB の垂直2等分線を求めるためには，直線の両端ABのそれぞれの点から半径 $r(r>1/2\,AB)$ の円弧を上下に描き，その交点を結べば直線の垂直2等分線が求められる〔図1·2(a)〕.

また，長さの異なる半径 $r_1$ と $r_2$ の円弧を描き，その交点を結んでも，直線の垂直2等分線を求めることができる〔図1·2(b)〕.

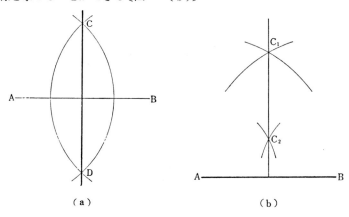

図 1·2 直線の垂直2等分線の求め方.

(2) **直線の $n$ 等分線を求める** 直線 AB を $n$ 等分するには，まず直線の一端A点から任意の方向に直線 AC を引く.

AC 線上に $n$ 等分された分割点 $n_1, n_2, n_3, \cdots\cdots n$ 点を求め，n 点と B 点とを結ぶ.つぎに分割点 $n_1, n_2, n_3, n_4\cdots\cdots$ のそれぞれから直線 nB に平行線を引き，直線 AB の分割点 $B_1, B_2, B_3\cdots\cdots B_n$ を求める.

$B_1, B_2, B_3\cdots\cdots B_n$ 点は，直線 AB の $n$ 等分の線分となる（図1·3）.

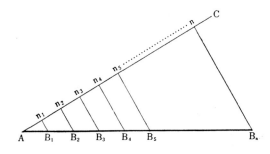

図 1·3 直線の $n$ 等分線の求め方.

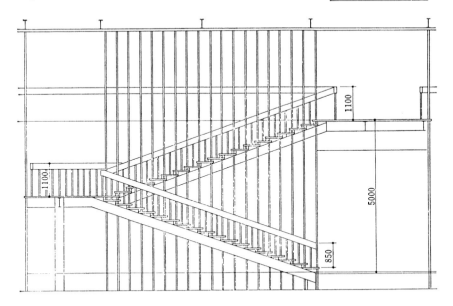

図 1·4 直線の $n$ 等分線の実例（階段の断面詳細図）．

**（3）角の2等分線を求める** ∠AOB の頂点であるO点を中心に任意の円弧を描き，直線 AO, BO とのそれぞれの交点を求め，その交点を a, b とする．つぎに a 点，b 点のそれぞれを中心とした任意の円弧を描き，その交点をCとする．CとO とを結んだ直線は求める角の2等分線となる〔図 1·5（a）〕．

また，交点Oのない場合は，二つの直線 AB, CD にそれぞれ2本の平行線を引き，その交点 $P_1$, $P_2$ を結べばやはり角の2等分線を求めることができる〔図 1·5 （b）〕．

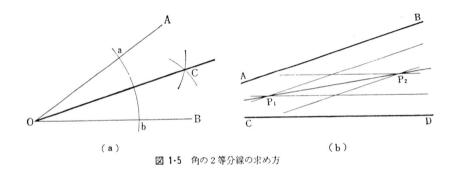

図 1·5 角の2等分線の求め方

**(4) 角の$n$等分線を求める** 角の$n$等分線を求めるためには，まず，一方の直線 AO を延長しておき，∠AOB の O 点を中心として任意の半円を描き，直線 OA との交点を A′，OB との交点を B′ とし，さらに直線 AO の延長線との交点を C とする．A′C を半径とする円弧を A′ 点，C 点を中心として描きその交点を D とする．DB′ を結び，直線 AC との交点を N とする．A′N を $n$ 等分し，それぞれの分割点（$n_1, n_2, n_3 \cdots\cdots n$）と，D 点を結び，その直線上の延長と半円との交点を求め，それぞれ $A_1, A_2, A_3 \cdots\cdots A_{n-1}$ とする．この $A_1, A_2, A_3 \cdots\cdots A_{n-1}$ と O 点とを結んだ線が，求める ∠AOB の $n$ 等分線となるが，この作図法は近似解であるので，必要に応じて修正する必要がある〔図 1·6（a）〕．

なお，$n$ 等分の $n$ が 2 の倍数の場合は，角の 2 等分線の繰返しを利用するのがよい〔図 1·6（b）〕．

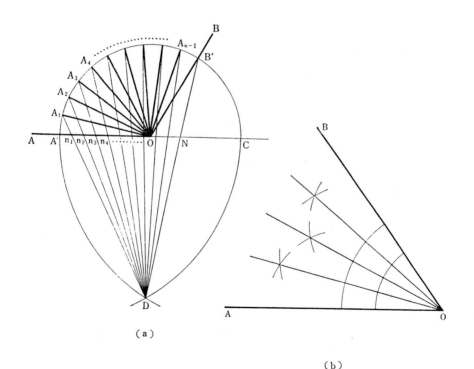

図 1·6　角の $n$ 等分線の求め方.

## 2. 円弧，円周

円は曲線の中で最も単純で，人工的に製作しやすいことから建築物の中に古くから利用されている．これは，円はすべての方向に対象であること，均斉のとれた形であること，これから受ける感じは円満，豊かさ，柔らかさ，滑らかさ，抱擁的，女性的であること等から，建築の中での利用を高めたものと思われる．

これまでに円弧を含め，円を利用した建築物としては，平面的には古いものでローマのコロシアム等が見られるが，現代建築でも事務所建築，美術館・博物館建築，学校建築等多くの建築物に利用されている．立面的には，窓，天井，屋根等に数多く利用されている．天井とか屋根の場合は，立面図としては，円弧として表わされるが，むしろ球の一部として考えた方が良いのかも知れない．もちろん，このほかにも建築の部分的なものとして柱，棟瓦，軒瓦，宝輪等にも数多く見られる．

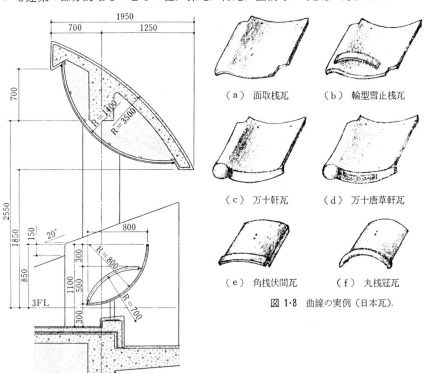

図 1・7 曲線を使った実例（ベランダ詳細図）．（滝沢健児著『空間の演出・階段』彰国社刊より引用）

図 1・8 曲線の実例（日本瓦）．

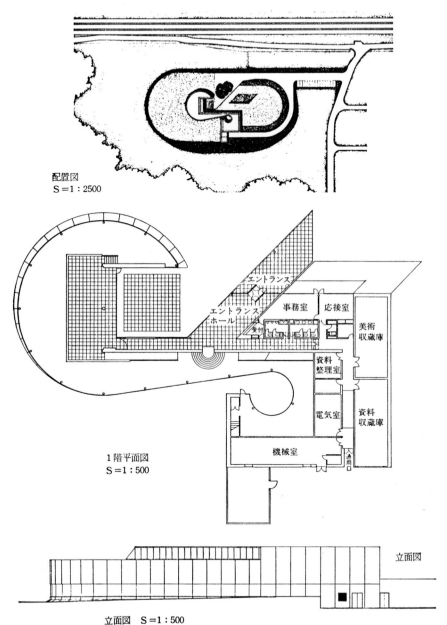

図 1·9 円弧の実例（資生堂アートハウス設計：谷口吉生，高宮眞介）.

（1） **円弧の長さに等しい直線** 円弧の一端A点より円弧$\overparen{AB}$の接線を描く．つぎに円弧$\overparen{AB}$の中点を求めCとする．Aを中心としてACを半径とする円を描き，弦ABの延長との交点を求めDとする．Dを中心として半径をDBとする円弧を描く．この円弧とA点よりの接線との交点Eを求めると，AEが円弧$\overparen{AB}$の求める直延の長さとなる．ただし円弧$\overparen{AB}$の中心角$\theta$が90°以上になると誤差が大きくなる（図1・10）．

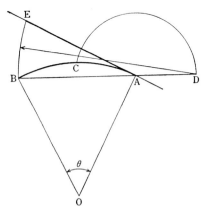
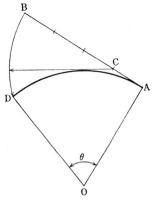

図1・10 円弧の長さに等しい直線． 　　図1・11 直線の長さに等しい円弧．

（2） **直線の長さに等しい円弧** 求めようとする円弧の円周上の一点Aより接線を求める．接線の長さを求める直線の長さに等しい長さABとする．直線ABを4等分し，その第1分点をCとする．つぎにC点を中心とし半径CBの円弧を描き，求める円弧の円周上の交点をDとする．円弧$\overparen{AD}$の長さが求める直線ABの長さに同じ円弧となる．ただしこの作図法は近似法であるため，中心角$\theta$が60°以上になると誤差が大きくなる（図1・11）．

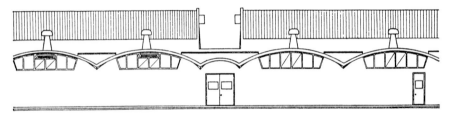

図1・12 円弧を使った実例（鉄筋コンクリートシェル屋根工場立面図の部分）．
（河合正一・有田和夫共著『建築設計製図』理工学社刊より引用）

**(3) 円周の長さを求める**　円周上の一点Aより接線を引き，この長さを直径ABの長さの3倍とし，その一端をCとする．つぎにOBに対して中心角30°をなす中心線を求め，この中心線と円周上の交点をDとする．D点より直線ABに垂線を描き，その交点をEとする．ECを結べば，このECが求める円周の長さとなるが，近似法であるため約1/21700の誤差を生ずる（図1・13）．

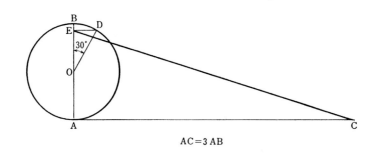

図 1・13　円周の長さを求める．

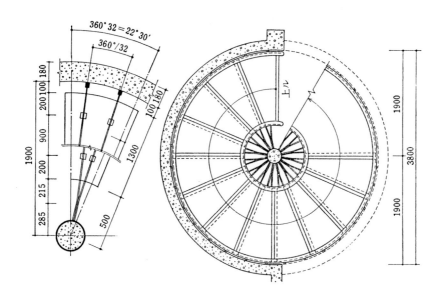

図 1・14　円を使った実例（らせん階段平面詳細図）．

（4） 半円周の長さを求める　円周上の一点 A に接線（直線 AO に対して垂線）を引く．円の中心点 O より，中心角 30° になる直線を求め，その延長線と A 点の接線との交点を E とする．接線上の E 点を起点として半径 AO の 3 倍の長さを求め，その先端を F とする．B と F とを結べば BF が求める半円周の長さとなる．なお，この方法は近似法であるため約 1/26000 の誤差を生ずる（図 1・15）．

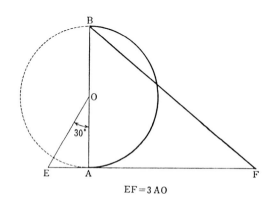

図 1・15　半円周の長さを求める．

## 3. 正 $n$ 角形

建築物の形態を見ると，その多くは，それぞれの接合部の角度が 90° をなす正方形や長方形，いわゆる四角形を基本としたもの，あるいはその組合わせによるものが多い．これは，木造建築ではもとより，ブロック造，レンガ造，鉄筋コンクリート造，鉄骨造等いずれの材料や構法による建築物でも特別の場合をのぞいて，最も単純で設計がしやすいこと，さらに工事もしやすいこと等からである．

つぎに多い形態を見ると三角形，台形，五角形，六角形等がある．もっとも，この形は，建築物全体というよりむしろ建築の平面形や立面形の一部あるいは構造材や意匠材の一部に見られることが多い．例えば建築物の屋根・天井部分で見ると三角形では，切り妻屋根，台形では，寄せ棟屋根，入母屋屋根．六角形では，腰折れ屋根，あるいは化粧屋根裏に取り付けられるたる木，和風天井のさお縁等の部材に多くの例が見られることからも明らかである．

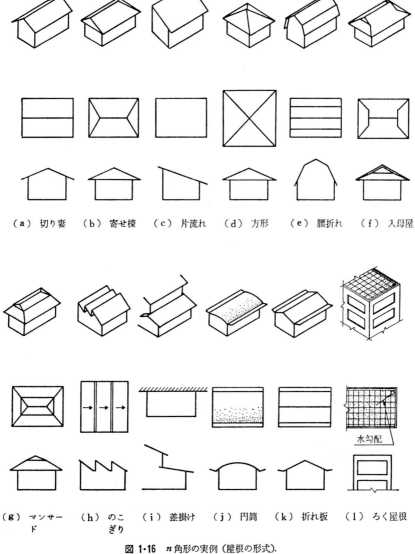

図 1·16　n 角形の実例（屋根の形式）.

## (1) 正三角形

### (a) 円に内接する正三角形を描く

円周上に任意の点Aをとる．A点から円周を円の半径（$r$）で分割し，2番目の交点をBとする．

つぎにB点から同じように半径で分割し，2番目の交点をCとする．A，B，Cの各点を結んだ線が正三角形となる（図1・17）．

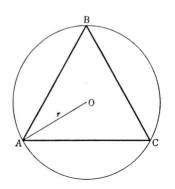

図 1・17 円に内接する正三角形．

### (b) 一辺の長さが与えられて正三角形を描く

直線ABを，求める正三角形の一辺とすると，A，B両端からのそれぞれを中心とし，直線ABを半径とする円弧を描き，その交点Cを求める．A，B，Cの各点を結んだ線が正三角形となる（図1・18）．

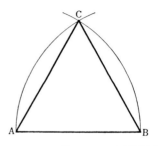

図 1・18 一辺の長さが与えられて正三角形を描く．

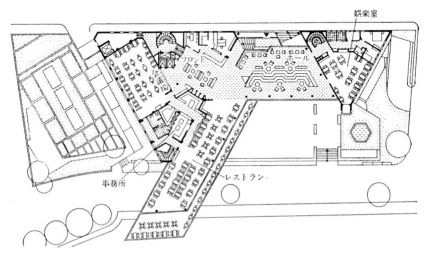

図 1・19 三角形の実例（モントルーのオイローテルホテル平面図，設計：ロランド・ゴーニン）．（『世界現代建築写真シリーズ 05』集文社刊より引用）

## (2) 正五角形

**（a） 円に内接する正五角形を描く**　与えられた円の中心点Oを通る直径 ab を求める．つぎに，半径 aO の2等分線を求め m とする．O点より直線 ab に対して垂線を求め，与えられた円との交点を c とする．m 点を中心として半径 mc の長さの円弧を描き直径 ab との交点を n とする．与えられた円を cn の長さに分割し，それぞれの点を結べば正五角形となる（図 1·21）．

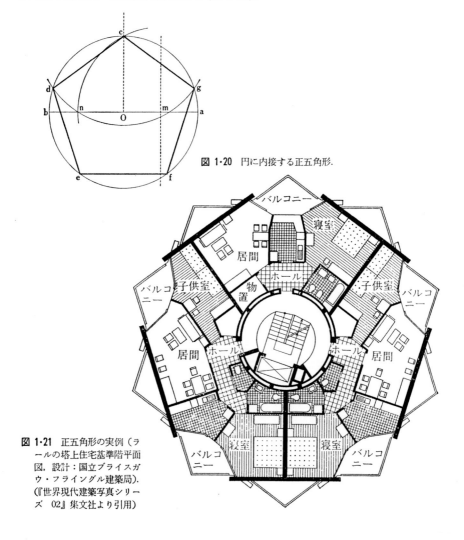

図 1·20　円に内接する正五角形．

図 1·21　正五角形の実例（ラールの塔上住宅基準階平面図，設計：国立ブライスガウ・フライングル建築局）．（『世界現代建築写真シリーズ　02』集文社より引用）

（b） **一辺の長さが与えられて正五角形を描く**　直線AB上の一点Aより，垂線を引き，垂線上の任意の点をCとする．∠CABを5等分し，直線ABから二つ目の線をAEとする．B点を中心とし，半径ABの円弧を描きAEの延長線との交点を求めDとする．この交点Dは，求める正五角形の頂点の一点となるので，BDを結べば正五角形の一辺となる．

つぎに直線ABの垂直2等分線を引き，直線ADとの交点を求めGとする．A点を中心とし，半径をABとする円を描き，直線BGの延長線との交点Fを求める．この交点Fは，やはり正五角形の頂点の一点となる．さらにF点，D点より半径ABの円弧を描き，その交点をHとすると，このHは求める正五角形の頂点の一つとなる（図1・22）．

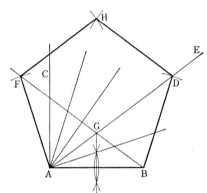

図 1・22　一辺の長さが与えられて正五角形を描く．

（3）　**正六角形**

（a）　**円に内接する正六角形を描く**　与えられた円の円周を半径$r$で分割し，それぞれの分割点を A, B, C, D, E, F とする．つぎに，それぞれの分割点 A, B, C, D, E, F を結べば，求める正六角形となる（図1・23）．

（b）　**一辺の長さが与えられて正六角形を描く**　与えられた直線 AB を一辺と

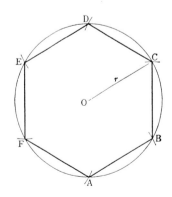

図 1・23　円に内接する正六角形の描き方．

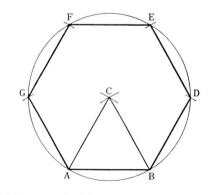

図 1・24　一辺の長さが与えられて正六角形を描く．

する正三角形を描き，その一点をCとする．C点を中心とし，半径CAの円を描く．この円を半径ABで分割してそれぞれの分割点D, E, F, Gとする．この分割点D, E, F, Gを結べば，一辺の長さをABとする求める正六角形ができる（図1·24）．

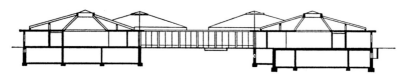

シェビーツの老人ホーム断面図．

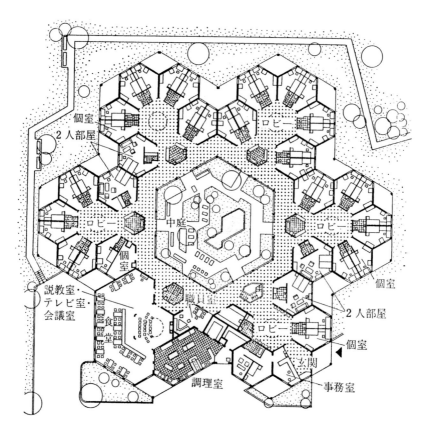

図 1·25① 正六角形の実例（シェビーツの老人ホーム平面図，設計：フリッツ・ライスト）（『世界現代建築写真シリーズ 06』集文社刊より引用）．

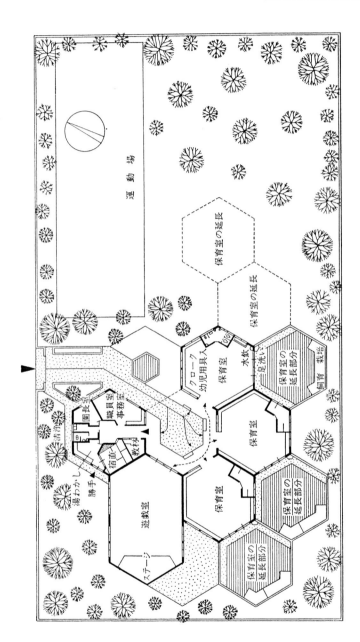

図 1・25 ② 正六角形の実例

### (4) 正 $n$ 辺多角形

**(a) 円に内接する正 $n$ 角形を描く**　与えられた円の中心点Oを通る直径を描き，円周との交点をABとする．

つぎに，この直線ABを $n$ 等分する．直線ABを半径とする円弧をA点，B点を中心として描きその交点をCとする．C点とB点より $n$ 等分した第2番目の分割点 $n_{-2}$ を結びその延長線と円周との交点をDとすると，BDは求める $n$ 辺正多角形の一辺となる．つぎに円周を直線BDの長さで分割すると，この分割点は，正 $n$ 角形の，それぞれの頂点となるので，この分割点を結べば求める正 $n$ 角形ができあがる．なお，この作図法は近似値であるため，必要に応じて修正する必要がある（図1・26）．

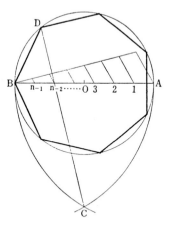

図 1・26　円に内接する正 $n$ 角形．

**(b) 一辺の長さが与えられて正 $n$ 角形を描く**　与えられた直線ABの2倍の延長線を求め，その一端をCとする．ACを $n$ 等分し，それぞれ $1, 2, 3 \cdots\cdots n$ とする．A点，C点のそれぞれを中心としてACを半径とする円弧を描き，その交点をDとする．D点とACを $n$ 等分した点でC点より第2番目の点 $n_{-2}$ を結び，その延長線と直線ABを半径とし，B点を中心とする円との交点をEとすると，Eは求める正 $n$ 角形の一頂点となる．そのため，A, B, Eの三点を通る円は直線ABを一辺とする正 $n$ 辺多角形の外接円となることから，直線AB, BEより垂直2等分線を描きその交点を求めFとする．このF点を中心として，半径FAの円を描けば，正 $n$ 角形の外接円となる．この円を直線ABで分割すれば，求める正多角形の各頂点が求められる．したがって求め

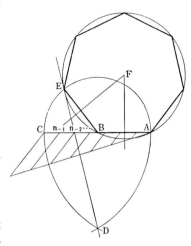

図 1・27　一辺の長さが与えられて正 $n$ 角形を描く．

る正 $n$ 角形は，この頂点を結べばできあがる（図1・27）．

なお，この作図法は近似値であるため，必要に応じて修正する必要がある．

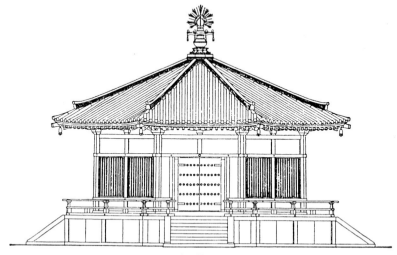

法隆寺夢殿立面図

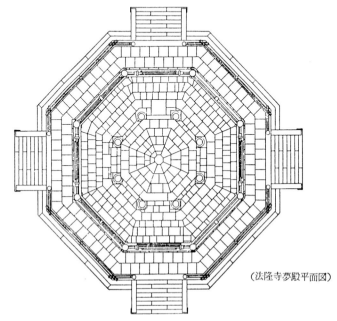

（法隆寺夢殿平面図）

図 1・28 正八角形の実例．

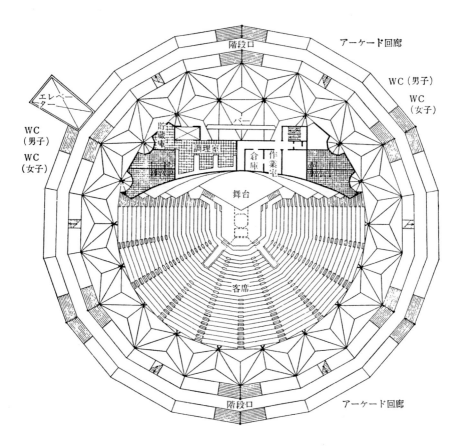

図 1·29　正多角形の実例（アーケード劇場平面図，設計：エドワード・ドウレル・ストン）．
（『世界現代建築写真シリーズ　07』集文社刊より引用）．

## 1・2 円錐曲線 (conic section)

円錐曲線とは，直立円錐を任意の平面で切断したとき，直立円錐の切り口が示す曲線のことをいい，その切断面の傾き角 $\theta$ によって，円 (circle)，楕円 (ellipse)，放物線 (parabola)，双曲線 (hyperbola) となる．これを図で表わすと図 1・30 に示すようになる．

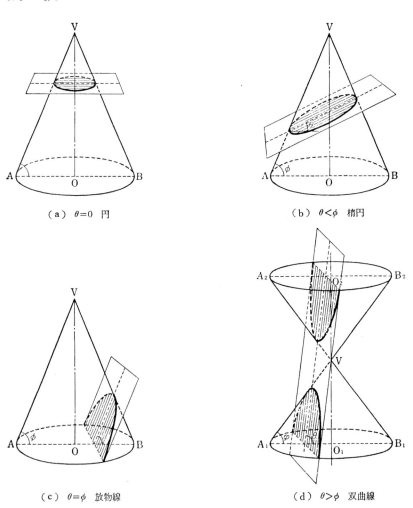

(a) $\theta=0$ 円

(b) $\theta<\phi$ 楕円

(c) $\theta=\phi$ 放物線

(d) $\theta>\phi$ 双曲線

図 1・30

円錐曲線を別の角度から見ると，定点Fと，一定直線LMが与えられたとき，任意の点$P_n$をとって，この$P_n$から一定直線LMに降した垂線の距離$P_n N_n$と，$P_n F$の距離の比が，ある一定の値を保つように$P_n$を移動させると，その移動線，いわゆる点$P_n$の軌跡を円錐曲線という．そして，このときの一定直線LMを準線(direclrix)，定点Fを焦点(focos)という．なお，$P_n N_n$と$P_n F$の距離の比，$P_n F/P_n N_n = e$とすると，この e を離心率(eccentricity)といい，この P と円錐曲線の関係は，図1・31に示すようになる．

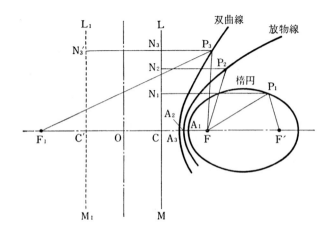

$0 < e < 1$ … 楕円，$e = 1$ … 放物線，$e > 1$ … 双曲線

〔注1〕 中心点O，長軸＝$x$軸，短軸＝$y$軸とすると，
楕円の方程式は $\dfrac{x^2}{a^2} + \dfrac{y^2}{b^2} = 1$
楕円上の一点$P(x_1, y_1)$における接線の方程式は
$\dfrac{xx_1}{a^2} + \dfrac{yy_1}{b^2} = 1$

〔注2〕 放物線の方程式は $y^2 = 4Px$
F座標を$(P, O)$とすると準線の方程式は $x = -P$
放物線上の一点$(x_1, y_1)$における接線の方程式は
$y_1 y = 2P(x + x_1)$

〔注3〕 主軸を$x$軸，中心O，主軸に垂直な直線を$y$とすると，
双曲線の方程式は $\dfrac{x^2}{a^2} - \dfrac{y^2}{b^2} = 1$
双曲線上の一点$(x_1, y_1)$における接線の方程式は
$\dfrac{x_1 x}{a^2} - \dfrac{y_1 y}{b^2} = 1$

図 1・31

## 1. 放物線 (parabola)

　放物線は，その放物面に均等荷重が加わったとき，曲げモーメントを生じないという特殊な力学的性状があるので建築物の構造体として有利である．このようなことから，この放物線をシェル構造あるいはシェル屋根と称して大規模スパンを必要とする建築物の屋根等によく用いられている．

　また，放物線は焦点に光源を置いたとき，その反射光線はすべて平行になるという特殊な光学的な性状があるので，この性状を反射音に応用し，建築物の中で特に反射音を必要とするオーデトリアムのホール断面形等にも用いられている．

　さらに回転放物線面は2章の立体図学でも説明するが，力学的に最も強いドームの型といわれているので，建築そのものではないが，最近ではロケットのキャップ等にも利用されている．

　また，双曲放物線面シェルを通称 H・P シェル (hyerbolic paraboloid shell) と称しているが，これは線織面でできてをり，線織面の特徴として，全体が直線で構成されているので製作が容易であることから，最近の建築物では大スパンのシェルターとしても大いに利用されている．

　なお，放物線の性質は，準線 LM に平行で，放物線の頂点Aを通る直線を$y$軸，焦点 F(P,O) を通り，準線 LM に垂直な直線を $x$ 軸とすると，この放物線の方程式は，

$$y^2 = 4Px$$

で表わされる（図 1・32）．

図 1・32　放物線の方程式．

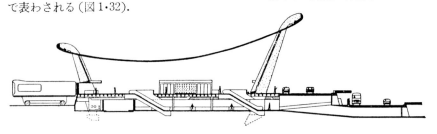

図 1・33　放物線の実例（ダレス空港断面図）．

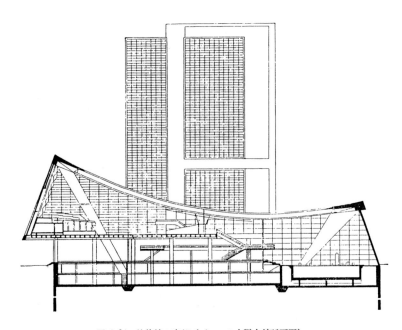

図 1·34 放物線の実例（ビールの会議会館断面図）.

（1）**準線と焦点が与えられて放物線を描く（その1）**　焦点Fより準線LMに向かって垂線を引き，準線との交点をC，反対側の延長線をBとする．直線CFを2等分し，その中点をAとする．

直線AB上に任意の点 $B_1$, $B_2$, $B_3$……$B_n$ をとり，各点より準線LMに対して平行線を引く．

任意の点 $B_n$ と交点Cの長さを半径とする円をそれぞれ焦点Fを中心に描き $B_1$, $B_2$, $B_3$……$B_n$ 点を通る平行線との交点 $B_1'$, $B_2'$, $B_3'$……$B_n'$ を求め，この $B_1'$, $B_2'$……を結べば，求める放物線を描くことができる（図1·25）.

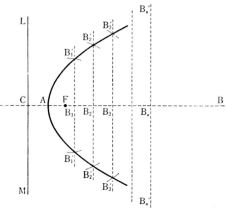

図 1·35 準線と焦点が与えられて放物線を描く（その1）.

**(2) 準線と焦点が与えられて放物線を描く（その2）**　製図板の左端面を準線 LM に平行にして固定させる．T定規の右端に近い位置にC点をとり，糸の一端を固定させる．糸の長さを，準線LMまでの長さ（CD）とし，その一端を焦点Fに固定させる．糸に鉛筆をかけて，糸を緊張させたままT定規を上下に移動させると，鉛筆Pの軌跡は放物線となる（図1・36）．

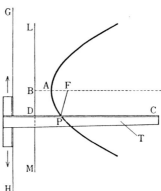

図1・36　準線と焦点が与えられて放物線を描く（その2）．

**(3) 一つの直径と頂点における接線および曲線上の一点が与えられて放物線を描く**　直径AOに平行でかつ曲線上の一点Pを通る平行線を描き，頂点Aを通る接線との交点をRとする．つぎに直線PRを $n$ 等分し，その分割点と，頂点Aを結ぶ．頂点Aを通る接線 AR を $n$ 等分（$n_1'$, $n_2'$, $n_3'$……）し，その分割点を通りAOに平行な直線を描く．この平行線と，RPの分割線 $n_1, n_2, n_3$……との交点を結べば求める放物線を描くことができる（図1・37）．

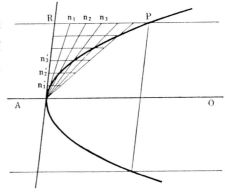

図1・37　一つの直径と頂点における接線および曲線上の一点が与えられて放物線を描く．

## 2. 楕円 (ellipse)

楕円は，その作図過程が円よりもやや複雑であることから，建築物全体の中に応用されることは数少ない．しかしその特徴として，楕円は円より柔軟性があり優雅で女性的な感じが強いということから，部分的にはかなり古くから建築の中にも用いられている．そのため利用方法を見ると，建築の平面や立面，断面等建築物全体の形として利用されるというよりは，むしろロココ時代の装飾に見られるように，天井の模様，階段の模様，壁面の模様等のように，室内の飾り的に用いられたことが多い．この傾向は現代建築でも同じであるが，近年になってわずかに楕円を利用した建築の平面形や断面形等も見られるようになってきたが，まだ数は決して多くない．

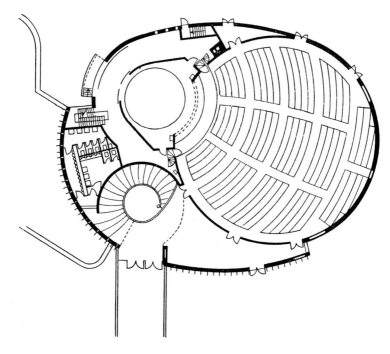

図 1·38 楕円の実例（劇場平面図）．

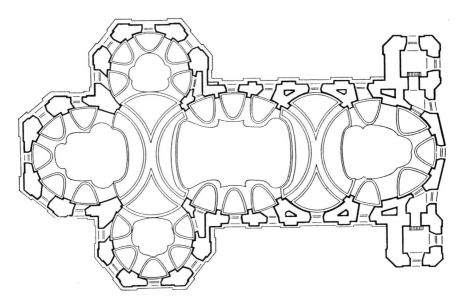

**図 1・39** 楕円の実例（フィルツェーン・ハイリゲンの巡礼教会堂平面図）．
（建築術編集委員会編『建築術 2．空間をとらえる』彰国社刊より引用）

**（1） 長軸と焦点が与えられて楕円を描く（その1）**　焦点 $F_1$, $F_2$ 間を $n$ 等分し，それぞれ $R_1$, $R_2$, $R_3$……$R_n$ とする．

$F_1$ 点を中心として，長軸の一端 A と $R_n$（$AR_1$, $AR_2$……$AR_n$）を半径とする円弧を描く．同様に $F_2$ 点を中心として B と $R_n$（$BR_1$, $BR_2$, $BR_3$……$BR_n$）を半径とする円弧を描き，その交点 $P_1$, $P_2$, $P_3$……$P_n$ を求める．この交点 $P_1$, $P_2$, $P_3$……$P_n$ を結べば，求める楕円形となる（図1・40）．

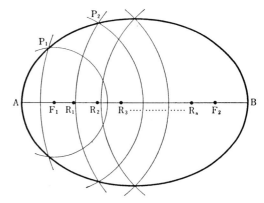

**図 1・40**　長軸と焦点が与えられて楕円を描く（その1）．

**（2） 長軸と焦点が与えられて楕円を描く（その2）**　長軸の長さ AB と同じ長さの紐を用意する．紐の両端を焦点 $F_1, F_2$ にそれぞれ固定する．紐を引張った型で鉛筆を置き，P 点をとる．さらにこの P 点を移動させ，その軌跡を描くと楕円形が求められる（図 1·41）．

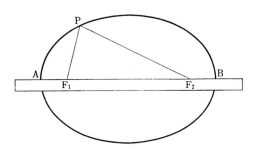

図 1·41　長軸と焦点が与えられて楕円を描く（その2）．

**（3） 長軸と短軸が与えられて楕円を描く**　長軸 AB および短軸 CD をそれぞれ直径とする同心円を描く．

中心点 O を通る任意の直線を描き長軸を直径とする円との交点を $E_1, E_2, E_3 \cdots\cdots E_n$，短軸を直径とする円との交点をそれぞれ $D_1, D_2, D_3 \cdots\cdots D_n$ とする．つぎにそれぞれの交点 $E_1, E_2, E_3 \cdots\cdots E_n$ 点より直線 AB に対して垂線を，$D_1, D_2, D_3 \cdots\cdots D_n$ 点より直線 AB に対して平行線を描き，その交点を $P_1, P_2, P_3 \cdots\cdots P_n$ とする．このようにして求めた $P_1, P_2 \cdots\cdots P_n$ 点を結ぶと楕円形が求められる（図 1·42）．

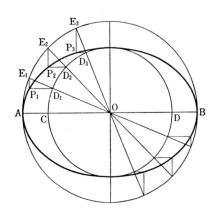

図 1·42　長軸と短軸が与えられて楕円を描く．

**(4) 一対の共役直径が与えられて楕円を描く** 共役直径の両端C点およびD点を通り，一つの共役直径ABに平行な直線を引く．同じようにしてA点およびB点を通り，CDに平行な直線を描き，その交点をそれぞれE, F, G, H点とする．

AO間を$n$等分($n_1, n_2$……$n_n$)し，その分割点とC点を結ぶ．同じように，AF間を$n$等分($n_1', n_2'$……$n_n'$)し，その分割点とD点を結ぶ．このそれぞれの分割線との交点を$p_1, p_2$……$p_n$とすると，この交点$p_n$は，求める楕円形の一点となるので，この$P_1, P_2$……$P_n$点を結べば楕円が求められる(図1・43)．

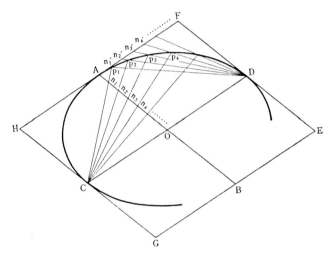

図 1・43 一対の共役直径が与えられて楕円を描く．

## 3. 双曲線 (hyperbola)

双曲線は対称的な美しさを持ち，さらに整頓された理知的な感じを受けること等から，建築でもとき折り使われることがある．しかしまだ教会建築，大スパンを必要とする体育館，セメント工場の加熱炉，原子力発電所の冷却塔等，少数例しか見られない．これは，双曲線を使った建築の工事の難しさ，設計の難しさから利用が少ないのかも知れない．しかし，双曲線の回転面である回転双曲線は，軸の回りにこれと交わらない他の直線を回転させたときの軌跡がいわゆる線織面となるので，曲面そのものが非常に複雑に見えてもすべての直線が一方向になっているので，思ったより製作が容易である．このことから，最近は，この双曲線を使った建築物も，少しずつ増えているようである．

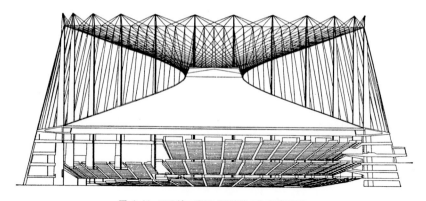

図 1·44 双曲線の実例（吊構造の体育館断面）.
設計：ウィリアム・ハント『TOTAL DESIGN』より引用

（1） **2焦点と2頂点が与えられて双曲線を描く（その1）** 2焦点 $F_1$, $F_2$ および2頂点を通る直線を描き，その延長線上に任意の点 $C_1, C_2, C_3……C_n$ ($C_1'$, $C_2', C_3'……C_n'$) 点をとる．つぎにそれぞれの分割点 $C_n$ と B の長さを半径とし，$F_1$ 点，$F_2$ 点のそれぞれを中心とする同心円を描く．さらに $AC_n$ を半径とし，$F_1$ 点，$F_2$ 点のそれぞれを中心とする同心円を描き $C_nB$ を半径とする同心円との交点を $D_1, D_2……D_n$ とする．$D_1, D_2, D_3……D_n$ 点は，求める双曲線の一点となる（図1·45）．

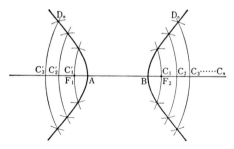

図 1·45 2焦点と2頂点が与えられて双曲線を描く（その1）.

（2） **2焦点と2頂点が与えられて双曲線を描く（その2）** 任意の一点 C をとり，$CF_1-AB=l$ の長さの糸を用意する．糸の両端をそれぞれ $F_2$ 点，C 点に固定して，$F_1$ 点に固定した定規を中心に定規を回転させながら線を描くと双曲線が求められる（図1·46）．

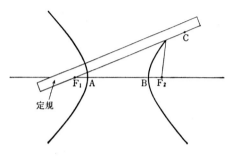

図 1·46 2焦点と2頂点が与えられて双曲線を描く（その2）.

**(3) 2頂点と漸近線が与えられて双曲線を描く**　2頂点 A, B を通り漸近線に平行な直線 CD, EF, GH, IJ を描く．O を通る任意の直線を引き直線 CD との交点を $G_1$，直線 EF との交点を $H_1$ とする．

$G_1$ を通り直線 EF に平行な直線，$H_1$ を通り直線 AD に平行な直線を引きその交点を $P_1$ とする．この $P_1$ 点は求める双曲線の一点となる．双曲線を求めるには，この P 点を数多くとって結べばよい（図 1·47）．

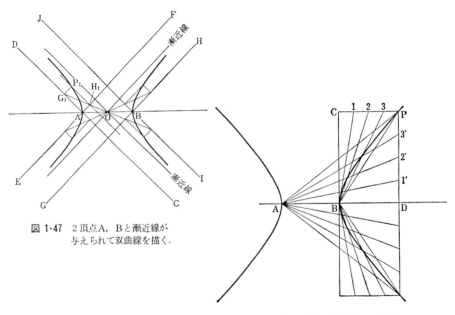

図 1·47　2頂点 A, B と漸近線が与えられて双曲線を描く．

図 1·48　2頂点と曲線上の一点が与えられて双曲線を描く．

**(4) 2頂点と曲線上の一点が与えられて双曲線を描く**　2頂点 A, B を通る直線を引く．つぎに B 点を通り直線 AB に垂線を引く．曲線上の一点 P を通り直線 AB に平行な線を引き，B 点を通る垂線との交点を C とする．P 点より直線 AB に対して垂線を引き，直線 AB との交点を D とする．つぎに，PC 間を $n$ 等分し，それぞれの分割点と B 点を結ぶ．さらに直線 PD 間を $n$ 等分し，その分割点と A 点を結ぶ．この分割線の交点を $p_1, p_2 \cdots p_n$ とすると，この $p_n$ 点は求める双曲線の一点となる（図 1·48）．

## 1・3 その他の曲線

円錐曲線以外の曲線には，通常図法幾何学で扱うものとしてうずまき線，伸開線，縮閉線，転跡線，懸垂線等がある．もちろん，これらのすべての曲線が建築に応用されているわけではないが，比較的建築に応用されたことのあるものについて，その作図法を説明する．

なお，これ以外の曲線として，図法幾何学では表現することが難しいが，いわゆる自由曲線がある．自由曲線は，主として自然現象を表現したものが多いが，建築でもかなり多く利用されているので，その使用例を示しておく．

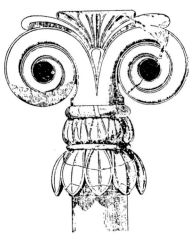

図 1・49 曲線の実例（ギリシャ時代の柱のオーダー）．

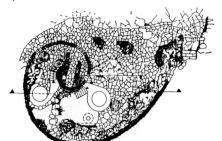
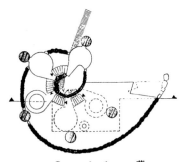

図 1・50 うずまき線の実例（ウルリヒ・コンラーツ，ハンス・G・シュペルリルヒ，藤森健次訳『幻想の建築』p.72 ブルース・ガッフ設計 彰国社刊より引用）．

### 1. うずまき線 (spiral)，伸開線 (involute)

うずまき線とは，一点の廻りを動点が廻るものであるが，そのとき動点が回転角が増大するにつれ，一定の規則のもとにしだいに中心から遠ざかってゆくときに動点のつくる軌跡をうずまき線という．また伸開線とは円周上に巻いてある糸をだんだんほぐしていくときに糸の先端が描く軌跡をいう．

うずまき線には回転角に正比例して動点の中心からの距離が等差級数的に増えるものをアルキメデスらせん (Archimedean spiral)，同じく等比級数的に増えるもの

を対数らせん (logarithmic spiral) といっている．なお，アルキメデスらせんは，動点と中心間の距離を $r$，回転角を $\theta$，比例定数を $a$ とすると $r=a\theta$ で表わされ，対数らせんでは $r=r_0 a^\theta$ で表わされる．この場合 $r_0$ は $\theta=0$ のときの動径の長さとなるが，$r_0=1$ とすると $r=a^\theta$ となり，数列は $a, a^2, a^3, a^4, a^5 \cdots a^n$ となり，これを対数でとると $\log a, 2\log a, 3\log a, 4\log a, 5\log a \cdots n\log a$ となるために対数らせんといっている．

建築ではこれらのうずまき線をそのまま利用して建てられた建物はあまりみられないが，これからヒントを得たようなものはかなりみられる．

（1）**アルキメデスらせんを描く**（Archimedean spiral）　求める円の円周を $n$ 等分し，中心点Oと結び放射線をつくる．円の半径を $n$ 等分して，中心点より 0, 1, 2, 3 …… $n$ とし，それぞれに同心円を描く．同心円と放射線との交点が求めるらせ

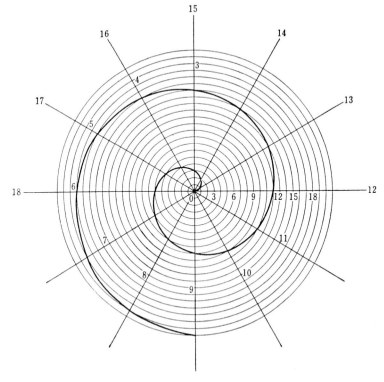

図 1·51　アルキメデスらせんの描き方．

ん上の一点となる．これを曲線で結べば，アルキメデスらせんができるが，より正確な作図を行なうには，放物線はできるだけ細かく分割するのがよい（図1・51）．

**（2）対数らせんを描く**（logarithmic spiral）　中心点から動点までの長さが回転角の増大につれて等比級数的に長くなっていくもので，$r=r_0 a^\theta$ で表わされるから動径角 $\theta$ を $30°=\dfrac{\pi}{6}$ にすると，

$\theta=0, 30°, 60°, 90°, 120°\cdots\cdots$ に対する動径 $r_0, r_1, r_2, r_3, r_4\cdots\cdots$ は

$r_0=1, \quad r_1=a^{\frac{\pi}{6}}, \quad r_2=a^{\frac{2\pi}{6}}, \quad r_3=a^{\frac{3\pi}{6}}, \quad r_4=a^{\frac{4\pi}{6}}\cdots\cdots$

$\log r_0=0, \quad \log r_1=\dfrac{\pi}{6}\log a, \quad \log r_2=\dfrac{2\pi}{6}\log a, \quad \log r_3=\dfrac{3\pi}{6}\log a,$

$\log r_4=\dfrac{4\pi}{6}\log a\cdots\cdots$

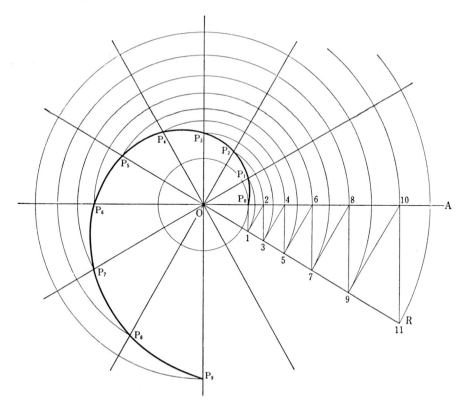

図 1・52　対数らせんの描き方．

となり，したがって $\dfrac{r_1}{r_0}=\dfrac{r_2}{r_1}=\dfrac{r_3}{r_2}=\dfrac{r_4}{r_3}\cdots\cdots=a^{\frac{\pi}{6}}$,

$\log r_1:\log r_2:\log r_3:\log r_4\cdots\cdots=1:2:3:4\cdots\cdots$ となる．

したがって，原点Oを通る放射線（この場合は12等分線）を描き，その線の一本に長さ $r_0=1$ の単位長さ $OP_0$ をとる．つぎに $OP_0$ に垂線 $P_0 1$ を立て $O1=a^{\frac{\pi}{6}}$ となるように1を定め，O点と1点を結びその延長線ORをつくる．

つぎに1点より OR 線に対し垂線を引き，OA 線との交点を2とする．2よりOA線に対して垂線を引き，OR線との交点を3とする．

以下 4, 5, 6 …… と同様にして定め，$O1=r_1$, $O2=r_2$, $O3=r_3$, $O4=r_4$ として，30°おきに描かれた放射線上に動点 $P_1, P_2, P_3, P_4$ …… を求めて，これを結べば対数らせんとなる（図1・52）．

**（3）円の伸開線を描く**　与えられた円の円周を $n$ 等分し，それぞれを $r_1, r_2, r_3$ …… $r_n$ とする．分割された $r_1, r_2, r_3$ …… $r_n$ のそれぞれから，円に対して接線を引く．一方，円の直延の長さをとり，その直線を $n$ 等分し，それぞれ $p_1, p_2$ …… $p_n$ とする．$p_0 p_1$, $p_0 p_2$ の長さをさきに求めた接線の長さにとり，それをそれぞれ $p_1', p_2'$ …… $p_n'$ とすると，この $p_n'$ は，求める伸開線の一点となる（図1・53）．

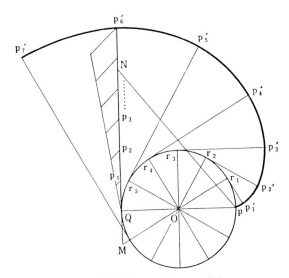

図 1・53　インボリュート曲線

## 2. 転跡線 (roulette)

　転跡線とは，ある曲線が，他の固定している直線または曲線に沿って転がってできるもので，可動する曲線上の点またはこれと一体となって運動する点Pの軌跡を転跡線 (roulette) という．そして，このとき転動する曲線を転曲線 (rolling corve または generating corve) という．固定している方の曲線を導曲線 (directing corve または base of fixed curve) という．

　ただし，このとき，転動する転曲線が円で，かつ導曲線が直線でさらに動点Pが円周上にあるときの軌跡を普通サイクロイド (common cycloid)，動点Pが，円周外にあるときの軌跡をトロコイド (trochoid) そして，動点Pが円周の外にある場合の軌跡を高トロコイド (superior trochoid)，動点Pが円周の内側にある場合を低トロコイド (inferior trochoid) と呼ぶ．

　また，転曲線と導曲線がともに円で，動点Pが円周上にあるとき，この導曲線の内側を回転しながら描かれる転跡線を内転サイクロイド (hypocycloid)，外側を回転し描かれる転跡線を外転サイクロイド (epicycloid) と呼ぶ．建築物の中にこのような転跡線を使った例は，今までには，あまり見られないが，わずかに建築物に使われた例もある．また，建物の室内外の装飾に利用されている例も見られる．

図 1·54　普通サイクロイド曲線の実例．

**(1) 普通サイクロイドを描く** 導線 AB 上に半径 $r$ の円を描き，その接点を C とする．C 点より，左右に半円周の長さをとり，それぞれの点を N および M とする．円の中心点 $O_0$ を通り導線 AB に平行な直線を引き，N，M 点上の垂線との交点を N′，M′ とする．

最初の円の中心点 $O_0$ と N′，M′ までの直線を $n$ 等分し，その分割点をそれぞれ $O_1$，$O_2$，$O_3$……$O_n$ とする．C 点を通り導線 AB に対して垂直線上に動点 P があるとすると，円弧 PC いわゆる円の半円を $n$ 等分し，その分割点をそれぞれ 1, 2, 3……$n$ とする．$O_1$，$O_2$，$O_3$……$O_n$ を中心とする半径 $r$ の円をそれぞれ描く．円の分割点 1, 2, 3……$n$ のそれぞれの点より導線 AB に対して平行線を引き，$O_1$，$O_2$，$O_3$……$O_n$ を中心とする半径 $r$ の円との交点をそれぞれ $P_1$，$P_2$，$P_3$……$P_n$ とすると，この $P_1$，$P_2$，$P_3$……$P_n$ は，求める転曲線，この場合はサイクロイドの一つの点となる（図 1·55）．

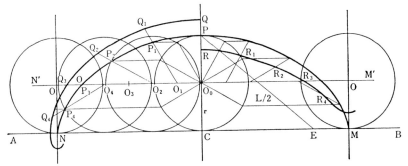

P…普通サイクロイド，R…低トロコイド，Q…高トロコイド
図 1·55 サイクロイド曲線とトロコイド曲線．

**(2) 低トロコイドおよび高トロコイドを描く** 低トロコイド (inferior trochoid) の場合は，中心点 O を通り，導線 AB に垂直な直線上に動点 R をとる．つぎにサイクロイドを描いたときに求めた $P_1$，$P_2$，$P_3$ と，それぞれの中心点 $O_1$，$O_2$，$O_3$……$O_n$ を結び，その距離が $O_0R$ となるような長さの点をとり，それぞれの点を $R_1$，$R_2$，$R_3$……$R_n$ とする．

この $R_1$，$R_2$，$R_3$……$R_n$ は，求める低トロコイドの一点となる．なお，高トロコイド (superior trochoid) の場合は，同じように，直径 PC の延長線上に Q 点をとり，$Q_1$，$Q_2$，$Q_3$……$Q_n$ を求めれば，$Q_1$，$Q_2$，$Q_3$……$Q_n$ は，求める高トロコイドの一点となる（図 1·55）．

（3） **外転および内転サイクロイドを描く**　外転サイクロイド，内転サイクロイド曲線の作図の基本は，普通サイクロイドとまったく同じであるが，違う点だけ述べると，まず，転曲線の円周の長さを導曲線の外周に求め，その両端をv, wとし，そのv, w間を$n$等分する．

$n$等分に分割されたそれぞれの分割点と，導曲線の中心点O'を結び，外転サイクロイドを求めるときは，さらにその直線を延長しておく．

転曲線，いわゆる円を$n$等分し，それぞれの分割点とO'点を半径とした同心円を描く．同じように，$O_1$点，$O_2$点からも同心円を描き，$n$等分した直線との交点を中心に円を描き，O'との同心円との交点を求める．この交点は，外転サイクロイドもしくは，内転サイクロイドの1点となる（図1・56）．

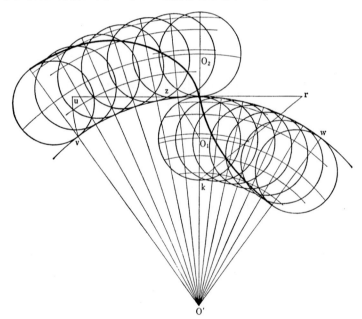

図1・56　外転サイクロイド曲線と内転サイクロイド曲線.

## 3. 懸垂線

懸垂線とは，ロープの両端を固定したとき，そのロープが自重によって自然に描くカーブであるが，その曲線のカーブは次式で表わされる．

$$y = a(\cos hbx - 1)$$

このカーブは，ごく自然につくられたものであるため，工事が容易であることから建築でもかなり古くから利用されてきた．特に最近では大スパンの屋根等にかなり利用されるようになってきている．

このほか，この懸垂線は，土木の分野に入るが，吊り橋等に利用されていることは周知のことであろう．

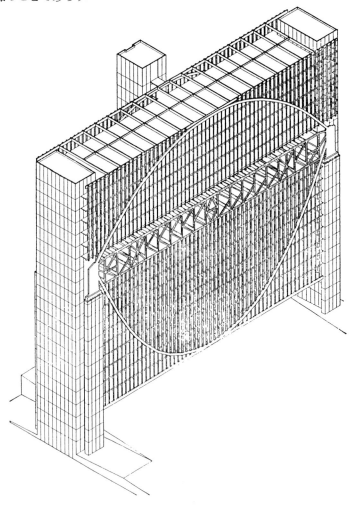

図 1·57　懸垂線の実例（アメリカ連邦都市銀行計画案）．

懸垂曲線を描くには，求める曲線の延長線の長さのひもを用意し，ひもの両端を固定し，さらにひもに垂直等分布荷重（自重でもよい）をかける．このときに，ひもの描いた曲線が求める懸垂曲線である（図1・58）．

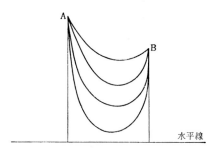

図 1・58 懸垂曲線

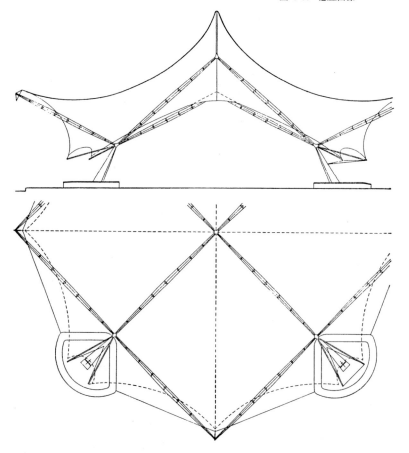

図 1・59 懸垂曲線の実例．

## 4. 自由曲線

自由曲線とは,自然界の中の数多くの空間の中に見られる曲線であるが,人為的にも,人間が道具を作ることを始めた時以来利用されている曲線でもある.

建築でも,自由曲線は変化に富み,流動的な面白さがあることからかなり古くから利用されてきたが,最近ではコルビュジエのロンシャンの教会,ガウディの聖家族教会等,教会建築にも見られる.もちろん,自由曲線は建築物の内部空間はもちろんのこと,外部空間あるいは室内外の装飾等にも数多く見られる.

自由曲線は特に,幾何的方法によらないで描かれるものであるが,実際に利用する場合は,動物,植物等の自然現象として現われる曲線を利用することが多い.その場合は,その実物から曲線をとり,必要に応じて拡大して使用することになる.

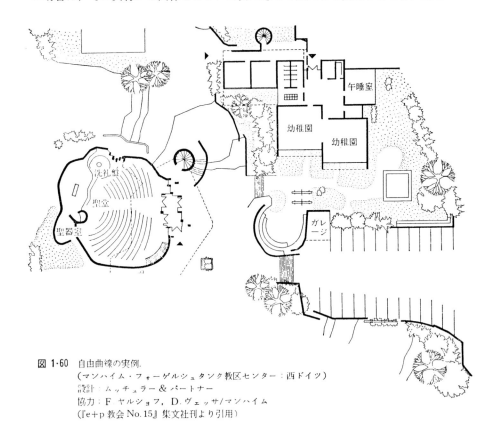

図 1·60 自由曲線の実例.
(マンハイム・フォーゲルシュタンク教区センター:西ドイツ)
設計:ムッチュラー&パートナー
協力:F ヤルショフ, D. ヴェッサ/マンハイム
(『e+p 教会 No.15』集文社刊より引用)

# 2章 立体図学
(practical solid geometry)

## 2・1 立 体 (solid)

立体とは長さ，幅，高さをもつ三次元の空間で，その表面が平面や曲面で構成されたものである．その意味では建築物のすべては立体に属する．

この立体を分類すると，単一立体と複合立体とに分けられる．複合立体とは単一立体が2個以上組み合わせられてできた立体で，その種類は数限りなくあるが，単一立体の場合はおおよそつぎのように分けられる．

もちろん，建築物の場合も，建物全体として単一立体的に造られている建築物も見られるが，そのほとんどの建築物は，複合立体で構成されていると見なしてさしつかえない．

### 1. 多面体 (polyhedron)

立体のうち，その表面がすべて平面のみによって構成されるものを多面体というが，もともと，この多面体は平面がいくつか集まってできていることから平面体ともいう．

多面体には，平面が不整形の形をしている一般多面体，一つ一つの平面がそれぞれ正多角形をしている正多面体，一面が多角形で他の面は三角形からできている角錐，上面と下面以外の稜がすべて平行になっている角柱などがある．

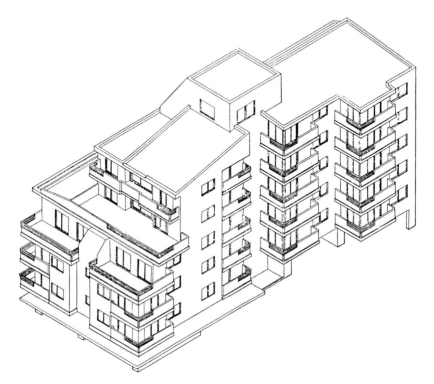

図 2·1 複合立体の例（市街地に建つ集合住宅のアイソメ図）設計：清水公夫．

　建築物は，前述したように，単一立体で構成されることは少なく，そのほとんどは複合体になっているものであるが，この複合立体を分解して見ると，その一つ一つはやはり多面体あるいは曲面体の一つとなっていることが多い．

　その中でも最も多く使われているのは，角柱であるが，部分的には一般多面体，単曲面体等もかなり利用されている．

（1）　**一般多面体**（general polyhedron）　多面体は頂点（vertex）と稜（edge）と稜で囲まれた平面によって構成される．一般多面体はこのうちの平面が不整形の面によって構成されるが，もちろんそのため稜の長さも不統一である．一般に多面体の投象図は，この稜の投象によって表現される．建築でもこのように平面が不整形な一般多面体も時折り見かけるが数少ない．

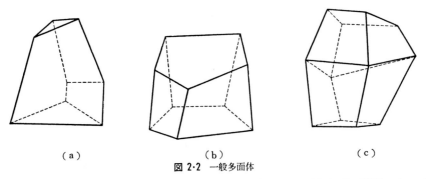

(a)　　　　　　　　(b)　　　　　　　　(c)
図 2·2　一般多面体

（2）**正多面体**（regular polyhedron）　正多面体とは，正多角形の平面によって構成されるもので，最近では正六面体以外の正多面体を利用した建築物もいくつかみられるようになってきた．

正多面体には，正四面体（regular tetrahedron），正六面体（regular nexahedror），正八面体（regular octahedron），正十二面体（regular dodecahedron），正二十面体（regular icosahedron）などがあり，面の形体としては正四面体が三角形，正六面体が正方形，正八面体が正三角形，正十二面体は正五角形，正二十面体は正三角形となっている．

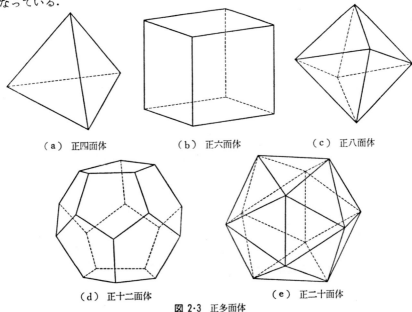

(a) 正四面体　　　(b) 正六面体　　　(c) 正八面体

(d) 正十二面体　　　(e) 正二十面体
図 2·3　正多面体

（3） **角錐**（pyramid） 一面が多角形で，その他の面がこの多角形の一辺を底辺として，頂点が一つである三角形からできている多体面を角錐と呼んでいる．そして頂点と底辺の多角形の重心を結ぶ直線を軸といい，この軸が垂直な角錐を直角錐（right pyramid），垂直でない角錐を斜角錐（oblique pyramid）といっている．

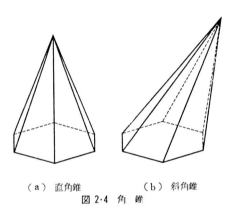

（a） 直角錐　　（b） 斜角錐
図 2・4 角　錐

（4） **角柱**（prism） 上下の面以外の面を構成している稜が，すべて平行になっている多面体を柱体という．そして上下のそれぞれの面を上面あるいは底面または水平面と称し，その他の面を側面と称している．また，それぞれ正面あるいは底面または立面の重心を通る直線を軸と称しているが，軸が底面に垂直な角柱を直立柱（right prism），斜めになっている角柱を斜角柱（oblique prism）と称している．

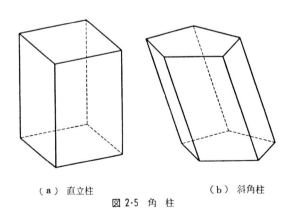

（a） 直立柱　　　　　（b） 斜角柱
図 2・5 角　柱

## 2. 曲面体 (solid of curved surface)

面(平面曲面),は線が移動することによってできる.このとき曲面上の直線または曲線を母線(generatrix)といい,母線の移動を規定するのが線であるとき導線(directrix),平面であるときは導面(directing plane)という.そしてこの曲面のうちで,母線が直線であれば線織面(ruled surface)であり,曲線であれば複曲面(double curved surface)という.ただし,この曲線には,幾何曲線と自由曲線とがあるが,このうち図法幾何学,いわゆる図学で取り扱う曲線は論理的である必要のあることから,自由曲線はこの項からはずされるので,ここでいう曲面体とは,立体の表面が,この幾何曲線によってつくられた曲面もしくは平面と曲面の合成によって構成されるもので,その曲面体には,その曲面が平面に展開することのできるものを単曲面体,同一平面上にない直線または曲線と直線がそのうえを移動してできる線織面であるものをねじれ面体,母線と導線の両方に曲線を用いたものを複曲面体としている.曲面を使った建築には,単曲面体の円柱,楕円柱はもとより,ねじれ面体,複曲面体等も最近かなり多く使われている.

(1) **単曲面体** (single curved surface) 単曲面体とは,単曲面いわゆる展開可能な曲面と平面によって構成された立体で,その曲面には,柱面(cylindrical surface),いわゆる母直線が導直線と平行を保ちながら曲線(導曲線)に沿って移動するときにできる曲面と錐面(conical surface),いわゆる母直線が一定点を通り,さらに導曲線に沿って移動するときにできる曲面さらに類似ねじれ面(convolute),母直線が導曲線と接線の関係を保ちながら移動するときにできる曲面,例えば平面的に見ると平面図学で学んだインボリュート曲線と同じようなもの三つの曲面がある.

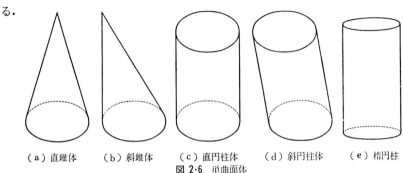

(a) 直錐体　　(b) 斜錐体　　(c) 直円柱体　　(d) 斜円柱体　　(e) 楕円柱

図 2・6　単曲面体

**(2) ねじれ面体**(warped surface) ねじれ面とは同一平面上にない直線または曲線と直線が,その上を移動してできる線織面をいい,単曲面とちがい展開不可能なものをいう.ねじれ面の種類には,錐状面(conicoid),柱状面(cylindroid),双曲線放物線面(hyperbolic paraboloid),単双曲線回転面(hyperboloid of revolution of one sheat), 単双曲線面(hyperboloid of one sheat), つる巻き線面(screw surface, helicoid)等がある.建築では,これらのねじれ面体のうち,双曲線放物線

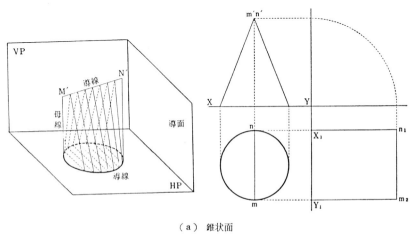

(a) 錐状面

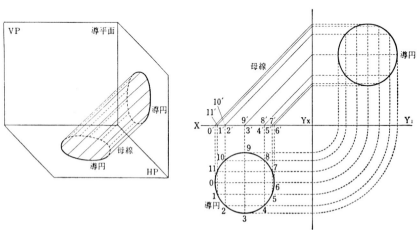

(b) 柱状面

図 2·7① ねじれ面体

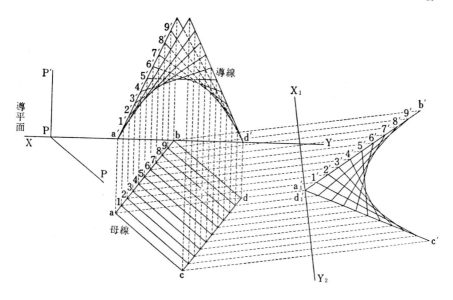

(c) 双曲線放物線面

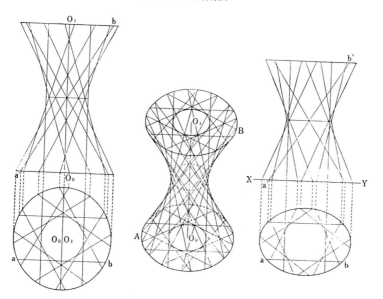

(d) 単双曲線回転面   (e) 単双曲線面

図 2・7② ねじれ面体

面は第1章の平面図学でものべたように建物の屋根部分，壁面部分等に，またつる巻き線面はらせん階段等に使われている．さらに，単双曲線回転面は原子力発電所等にも利用されている．

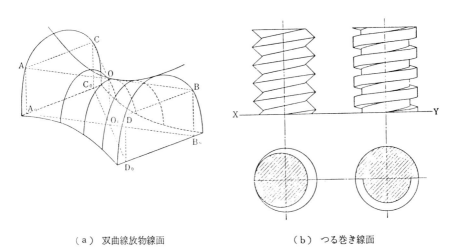

（a） 双曲線放物線面　　　　　（b） つる巻き線面
図 2·8　ねじれ面体

（3） **複曲面体**（double corved surface）　複曲面とは，母線と導線の両方に曲線を用いたもので，複曲面の導線に円を用いたものを回転面（revolution surface）といい，円を用いないものを一般複曲面という．また複曲面体は回転体と非回転体とに分類される．そして回転体，非回転体にはつぎのような種類がある．

$$
\text{回転体}\begin{cases}\text{球面 (spherical surface)}\\ \text{円環 (annular torus)}\\ \text{楕円回転面 (ellipsoid of revolution of spheroid)}\\ \text{放物線回転面 (paraboloid of revolution)}\\ \text{複双曲線回転面 (hyperboloid of revolution)}\end{cases}
$$

$$
\text{非回転体}\begin{cases}\text{楕円面 (ellipsoid)}\\ \text{楕円放物線面 (elliptic paraboloid)}\\ \text{複双曲線面 (hyperboloid of two sheats)}\end{cases}
$$

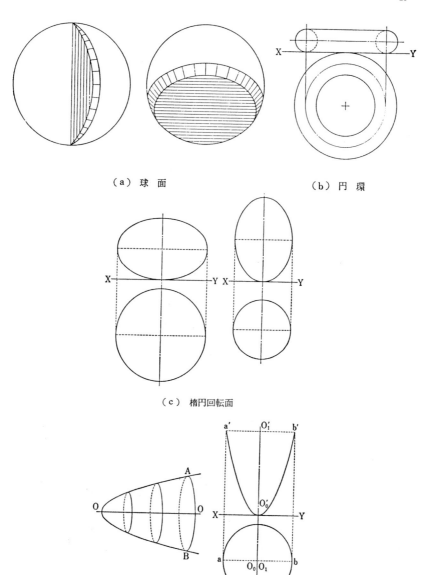

(a) 球　面　　　　　(b) 円　環

(c) 楕円回転面

(d) 放物線回転面

図 2·9　複曲面体

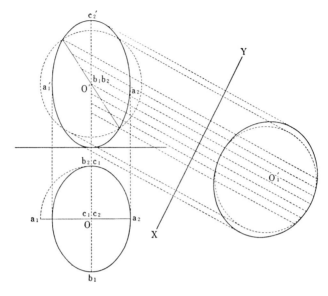

(a) 楕円面

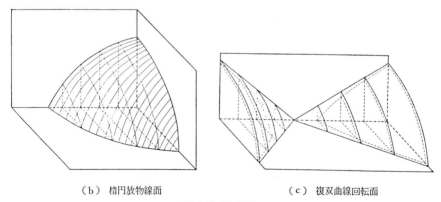

(b) 楕円放物線面　　　　　(c) 複双曲線回転面

図 2·10　複曲面体

## 2·2　投　　　　象

　建築物は一般に四次元の空間あるいは多次元の空間ということばで表現されている．これは，空間（立体）そのものは三次元であるが，建築物の空間は，空間を人間が使うこと，いわゆる見る，触れる等によって空間と時間，あるいは空間と人間

の感覚というように，人間とのかかわりあいにおいて複雑なからみ合いを持つことからくるものである．

　しかし，このように建築物を表現する場合四次元の空間，あるいは多次元の空間という言葉で表現することができても，実際にこの四次元の空間あるいは多次元の空間を図面や模型で表わすことは難しい．そのため建築物を表現するには，やはり三次元の空間として表現するしか方法がなくなってしまう．では，三次元の空間である建築物を，人に正確に伝達する表現方法としてはどのような方法がとられるべきであろうか．これまでの手法を分類すると立体的模型によって空間を表現するか二次元の平面に置き換えて表わすか，あるいは言語による方法がとられてきた．しかし，立体的模型をつくることは，細部にわたる表現が難しいこと，言語による方法は表現が抽象的になり正確性を欠くことなどから建築では実際には二次元の平面に置き換える方法が最も一般的に使われている．そこでここでは図学の基本である三次元の空間を二次元の平面に表わすことを学ぶことにする．投象とは，この三次元の立体をいかにして平面上により正確に表わすかという手法であり，さらにこの投象は，投影とも称されるが，立体である物体と，人間の網膜と光線とその物体を描こうとする画面の関係によっていろいろの表現方法が考えられる．そしてその表現方法を分類してみるとつぎのような種類に分けられる．

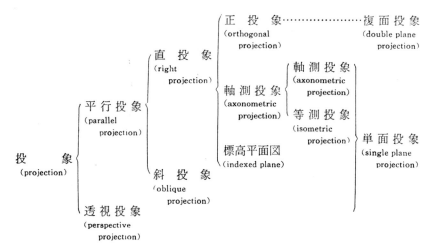

　また，この投象のうち，正投象を別名複面投象と称し，他の方法を単面投象と称

することがある．これは，正投象は一つの平面上に複数の投象（通常は平面と立面図）を描き，立体を表現するのに対して，他は，一つの平面上に一つの投象を描き，立体を表現する方法をとるからである．

## 1. 正 投 象

投象とは，図2・11に示すように物体ABCがあるとすると，この物体ABCを画面 $P_1$, $P_2$ 上に描写することで，この場合のEを視点 (sight point あるいは eye point)，視線にあたる線を投射線 (line of projection) 画面を投象面 (plane of projection)，画面に描かれる図を投象または投象図 (projection) という．

そしてこのうち，視点が無限遠点にあり，投射線がすべて平行となるものを平行投象という．平行投象は，さらにその投射線と投象面とが垂直なる関係にある投象を直投象 (right projection or perpenduculer projection) といい，投射線と投象面とが垂直でない場合の投象を斜投象 (oblique projection) という．

前述したように，投象面が二つ以上あり，それぞれの投象面が互いに直角に交わる投象面に投象する場合，これを正投象 (orthogonal projection) といい，立体の3直交主軸を，投象面に傾けて表わし，1投象面に投象する投象図を軸測投象 (axometric projection)，また，1投象面に投象して，投象図に基準面からの高さを示す標高をつけたものを標高平面図 (indexed plan) という．

正投象は，以上に示したように，投象面が複数となるものであるが，互いに直交する2投象面を主投象面 (principal plane of projection) といい，それ以外の投象面

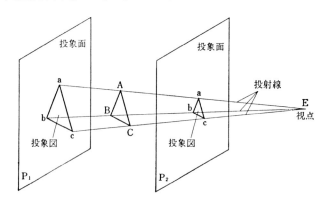

図 2・11　正投象

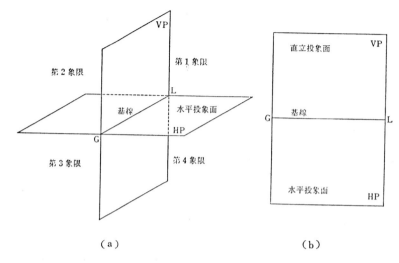

図 2·12 水平投象面と直立投象面

を副投象面 (auxiliary plane of projection) という.

　主投象面はさらに,水平な投象面と垂直な投象面とに分けることができる.そしてこの水平な投象面を水平投象面 (horizontal plane of projection) あるいは水平面 (horizontal plane) といい,直立している投象面を直立投象面 (vertical plane of projection) または直立面 (vertical plane) という.

　また,この水平投象面と直立投象面との二つの投象面によって直交する線を基線 (ground line) といい,GL で表わす.

　さらに,水平投象面に投象された投象図を水平投象 (horizontal projection),直立投象面に投象された投象図を直立投象 (vertical projection) というが,建築では,通常この水平投象を平面図 (plane) といい,直立投象を立面図 (elevation) という.

　副投象面とは,主投象図だけで,立体を表わすのに充分でない場合に,補助の投象面として設けるものであるが,その場合主投象面と交わる交線を副基線 (auxiliary ground line) といい,$G_1L_1$ で表わす.そして,この投象面が水平面に垂直であるものを副立面 (auxiliary vertical plane),この投象図を副立面図 (auxiliary elevation),直立面に垂直な副投象面を副水平面 (auxiliary horizontal plane),この投象図を副平面図 (auxiliary plane) という.

このうち建築では，特に物体を正面から見たものを正面図（front elevation），側面から見たものを側面図（side elevation）ともいう．正投象は直角に交わる二つの投象面によることは前述したとおりであるが，そのため，正投象は，その投象面によって空間を四つに分けることにする．

そこで，この四つの空間を区分するために，図2・12（a）に示すように，右上方の空間から時計の回転と反対方向に第1象限（first quadrant），第2象限（second quadrant），第3象限（third quadrant）および第4象限（fourth quadrant）と称する．そして，これを一平面上に表わすためには，直立面を90°回転し，水平面と平行に並べて図2・12（b）のように表わす．

## 2. 点の正投象

物体を表現するとき最も基本となるものは点である．数学的には点は大きさ，形のないものとされているが，図学では一応大きさも形もあるものとして考える．この点が前述したような空間内にある場合，その点が空間の中でどのような位置関係にあるかを表現するのが点の投象である．ただしここで取り扱う投象は正投象法によるものである．正投象法とは，前述したように，物体の位置を示すのに水平投象面（HP）とこの水平投象面に垂直に立てられた直立投象面（VP）とに表わすものであるが，そのため被投象物（物体）を水平投象面と，直立投象面に垂直な光で投象（投影）する方法である．この場合，その表現方法をわかりやすくするため，VP面上に表わされる投象図には「′」をつけて水平投象面に現われる物体と区別する．また，物体と投象面の間にある投射線も，その物体の位置，形を明確にするため，水平投象面，直立投象面の両投象面のそれぞれに記入しておく．この場合実際に現われない投射線は点線で表わす．

（1）**点の正投象図を描く**　水平投象面（HP），直立投象面（VP），基線（GL）に対して，A点は第1象限，B点は第2象限，C点は第3象限，D点は第4象限にあるものとする．これをわかりやすく説明するため，立体的に表わすと図2・13（a）のようになる．このA, B, C, Dを投象図で表わすためには，まず，A, B, C, Dの各点から，それぞれ水平投象面，直立投象面に対して垂直な投射線を描く．そうするとこの投射線と投象面との交点が点A, B, C, Dのそれぞれの投象図となる．ただしこの場合，交点がどの位置にあるかをわかりやすくするため，水平投象面との交点，

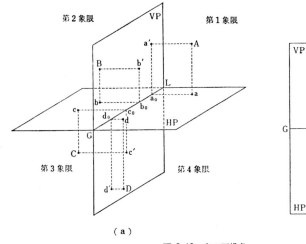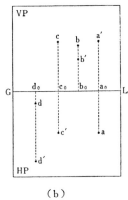

図 2·13 点の正投象

直立投象面との交点いずれも小文字で描き表わすと同時に，直立投象面にはさらに小文字の右上に「′」をつけておく．

また，この水平投象図と直立投象図を結ぶ延長線と，GL線との交点は，それぞれ小文字で描き表わし，その小文字の右下に「$_0$」をつけておく．

このように投象を図で表わすことは，大変わかりやすいが，少し複雑な投象では描き表わすことが困難となるため，投象図法によって平面に表わすことになる．これを図示すると図2·13(b)のようになる．同図から明らかなように，物体A，B，C，Dは，それぞれ何象限にあるかによって，つぎのような定義が成り立つ．

第1象限にある物体Aは，直立投象図a′は基線より上に，水平投象図aは基線より下に現われる．

第2象限にある物体Bは，直立投象図b′，水平投象図bとも基線より上に現われる．

第3象限にある物体Cは，直立投象図c′は，基線より下に，水平投象図cは，基線より上に現われる．

第4象限にある物体Dは，直立投象図d′，水平投象図dとも基線の下に現われる．

**(2) 点の副投象図を描く** 物体の投象図を描くとき，主投象面だけではその物体を表わすのに不明瞭な場合，必要に応じて，補助的投象面いわゆる副投象面を使うことは前に述べた．そして，この副投象面はかならず，主投象面のうちどちらかいわゆる，水平投象面かあるいは直立投象面のいずれかに対して垂直とならなければならないことも前に述べたとおりである．

これを図で表わすと，図 2・14( a )，図 2・14( c )のようになる．図 2・14( a )は，水平投象面に対して垂直な副直立投象面を表わしたもので，図 2・14( c )は，直立投象面に垂直な副水平投象面を表わしたものである．そしてこの投象面がいくつかあるときは，それぞれに記号をつけておくと同時に，主投象面との交線には，それぞれ，GL の右下に $G_1L_1, G_2L_2$ のように番号をつけ，主投象面と区別できるようにしておく．

この投象面に対して，点 P を置き，この図を描くと，図 2・14( a )，図 2・14( c )

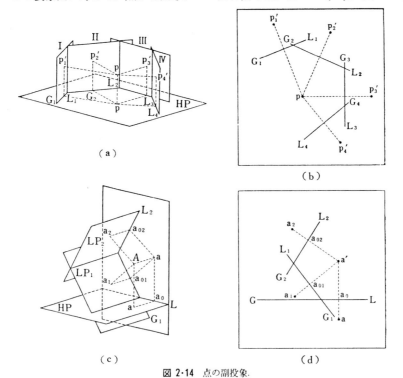

**図 2・14** 点の副投象.

のように表わされる．そしてこの場合も，点 P の投象図が得られたら，それぞれの投象図に対して，$P_1'$，$P_2$ のように，右下に番号を記し，他の図と区分できるようにしておく．もちろん，この図は，わかりやすく説明するために描いた図であり，実際の投象図は，図 2・14（b），図 2・14（d）のようになる．

### 3. 線の正投象

線は点の連続したものであり，線は直線と曲線に分けることができる．もちろん厳密には，連続していない線，いわゆる点線，破線等の不連続線も見られるが，ここでは，一応連続したものとして考える．このことからすると，線の投象も基本的には点の投象と同じと考えてよいし，実際の作図でも直線の投象では，その直線の両端を点とみなしてそれぞれ投象し，つぎにその 2 点間を最短距離で結ぶ方法をとる．

直線の投象図は，両投象面との関係で，およそつぎのように分類される．

① 求める直線が両投象面に対し平行である場合，投象図は，水平投象面，直立投象面のいずれの投象図も，基線 GL に対して平行に現われる〔図 2・15（a），図 2・16（a）〕．

② 求める直線が水平投象面あるいは直立投象面のいずれか一方に平行で他の投象面に対して傾斜している場合の投象図は，水平投象面あるいは直立投象面のいずれか一方の投象図が基線 GL と平行で他の投象図は基線 GL に対して傾斜角を持って現われる〔図 2・15（b），図 2・16（b）〕．

③ 求める直線が，水平投象面と直立投象面の両投象面に対して傾斜している場合，投象図は，いずれも基線 GL に対して傾斜角を持って現われる〔図 2・15（c），図 2・16（c）〕．

④ 直線が，水平投象面あるいは直立投象面のどちらか一方に垂直でかつ，もう一方，投象面に対して平行である場合の投象図は，垂直方向の投象面には，点として現われ，他の一方の投象図は，基線 GL に対して垂直に現われる〔図 2・15（d），図 2・16（d）〕．

直線の投象図は以上のことから明らかであるように，求める直線が水平投象面あるいは直立投象面に対して傾斜しているかあるいは垂直であれば，その直線あるいはその直線の延長線が，必ず直立投象面あるいは水平投象面のどちらか一方もしくは両方の投象面と交わることになる．この交わる点いわゆる交点を直線の跡（trace）

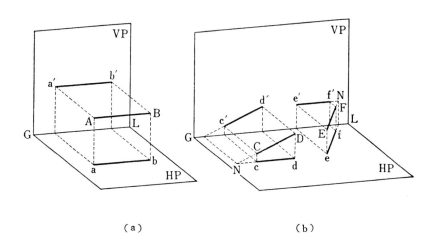

(a)      (b)

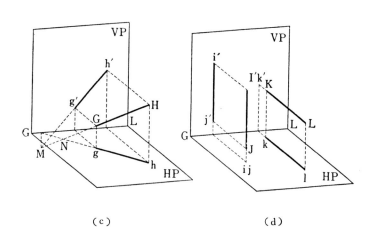

(c)      (d)

**図 2·15** 線の正投象（立体図解）.

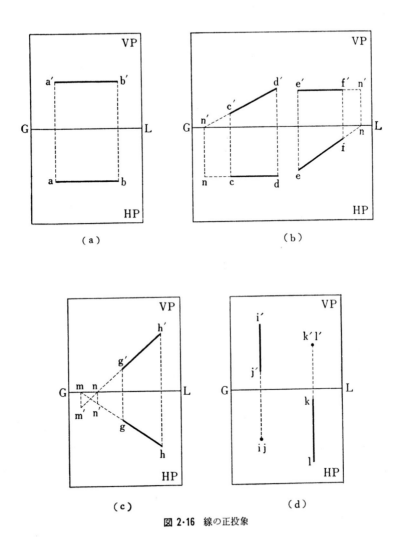

図 2·16 線の正投象

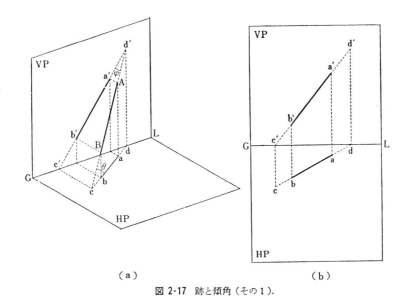

(a) (b)

図 2·17 跡と傾角（その1）.

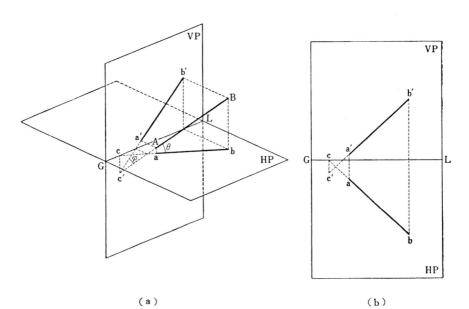

(a) (b)

図 2·18 跡と傾角（その2）.

といい，直線と水平投象面との交点を水平跡(horizontal trace)，直線と直立投象面との交点を直立跡(vertical trace)という〔図2・17(a),(b)〕．

また，この直線と投象面とがある傾きを持っている場合，この傾きを直線の傾角(angle of inclination)といい，この場合の傾角が水平投象面とでなす角を水平傾角(horizontal angle of inclination)，直立投象面となす角を直立傾角(vertical angle of inclination)という．そして通常この水平傾角を $\theta$，直立傾角を $\varphi$ で表わす．

**（1）直線の実長と傾角を求める**　投象図から直線の実長を求める場合，もしその直線の投象図が水平投象面あるいは，直立投象面のどちらか一方に平行であるならば，傾角を持って現われる投象図は，その直線の実長を表わし，その傾角は実角を表わすことになる．

このことから，両投象面に対して傾角を持つ直線の実長，実角を求めるには，求める直線を水平投象面もしくは直立投象面のいずれか一方に平行になるまで移動し投象すれば，その投象図は求める直線の実長ならびに一つの実角が現わされることになる．

いま図2・18(a)に示すように，直線ABは第1象限にあり，両投象面に対してそれぞれ $\theta, \varphi$ の傾角を持っている．

この投象図を示すと，図2・18(b)のようになる．この投象図から，直線ABの実長・実角を求めるには，つぎのような方法がある．

① 図2・19(a)の図で説明すると，直線の一端A，水平投象図で見るとaを固

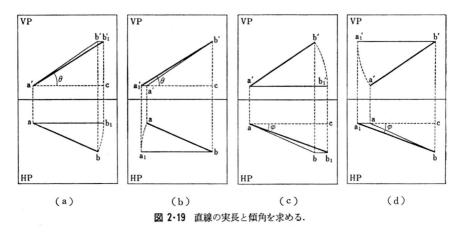

(a)　　　　　(b)　　　　　(c)　　　　　(d)

**図 2・19** 直線の実長と傾角を求める．

定し，これを回転軸とし，直線 AB が直立投象面に対して平行になるように B 点を移動させる．移動させた点の投象図を $b_1b_1'$ とすると，$a'b_1'$ は求める直線 AB の実長となり，∠$ca'b_1'$ は求める直線の水平傾角となる〔図 2·19（a）〕．

② 直線の一端 B いわゆる水平投象図の b を固定し，これを回転軸とし，直線 AB が直立投象面に対して平行になるように A 点を移動させる．移動させた点の投象図を $a_1a_1'$ とすると，$a_1'b'$ は求める直線の実長となり ∠$ca_1'b'$ は水平傾角となる〔図 2·19（b）〕．

③ 直線の一端 A，直立投象図の $a'$ を固定し，これを回転軸として直線 AB が水平投象面に平行になるように B 点を移動させる．この移動させた点の投象図をそれぞれ $b_1, b_1'$ とすると，$ab_1$ は求める直線の実長となり，∠$cab_1$ は求める直立傾角となる〔図 2·19（c）〕．

④ 直線の一端 B，直立投象図で見ると $b'$ を固定し，これを回転軸として直線 AB が水平投象面に平行になるように A 点を移動させる．この移動させた点の投象図をそれぞれ $a_1a_1'$ とすると $a_1b$ は求める直線の実長となり ∠$ca_1b$ は直立傾角となる〔図 2·19（c）〕．

（2） **直線の実長とその傾角を副投象面を使って求める** 両投象面に傾く直線 AB が第 1 象限にある．そしてこの直線の A 端は，水平投象面と接しているものとする．これを投象図で表わすと図 2·20（a）のようになる．

この直線 AB の実長および実角を求めるためには，この直線 AB が投象面に対して平行である必要があることは前述したとおりである．

そこで，ここでは，この直線 AB を移動するのではなく，この直線に平行な副投象面を考え，実長，実角を求める方法をとる．

図 2·20（b）は，まず直角三角形 ABb および台形 Aa$'$b$'$B とに対してそれぞれ平行な直立投象面，いわゆる水平投象面に対して垂直でかつ，直線 AB がその平面上に含まれる副直立投象面 $V_1P$（基線 $G_1L_1$）と直立投象面に垂直でかつ直線 AB がその平面に含まれる副水平投象面 $H_1P$（基線 $G_2L_2$）立体図解を表わしたものである．直線 AB の実長およびその傾角を求めるためには，この副投象面をそのまま両投象面に倒し，平面上に表わせばよい．図 2·20（c），図 2·20（d）は，この副投象面を水平投象面および直立投象面に倒した投象図であり，$a_1'b_1'$ および $a_2b_2$ はそれぞれ

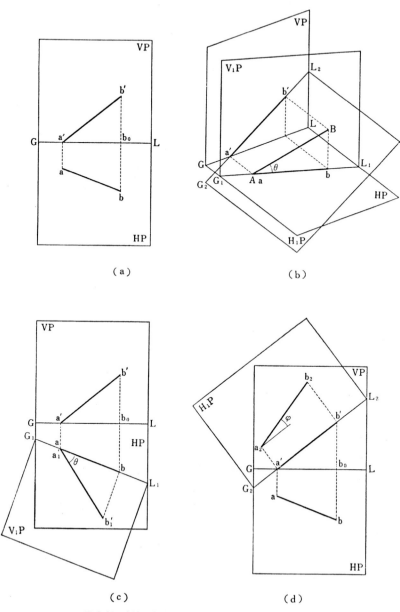

図 2·20 直線の実長とその傾角を副投象面を使って求める.

直線 AB の実長を表わし，$\theta$ は水平傾角，$\varphi$ は直立傾角を表わしたものである．

**（3） 相交わる2直線の夾角を求める**　夾角とは2直線 AB, AC がある場合，この2直線によって挾まれる角をいい，これを図で表わすと∠CAB となる（図 2・21）．この夾角を求めるためには，この直線 AB, AC を直立投象面あるいは水平投象面までそれぞれ延長し，この延長線との交点をそれぞれ E, D（この図では水平投象面と交叉している）とする．直線 AB, AC の夾角は，この三角形 ADE を水平投象面あるいは直立投象面に倒し実形を求めることによって求められる．

これを投象図で示すと，図 2・21（b）のようになるが，この三角形 ADE を倒す場合そのまま倒すことができない場合は，三角形 ADE のそれぞれの辺の長さを求めて三角形の実形を求めることもある．

ここでは延長した三角形 ADE の一辺 DE は，水平投象面に接しているので，実長であるから，そのままとし，つぎに直線 DA および EA の実長を求める．実長が求められたら，つぎにそれぞれ d, e を中心とし，それぞれの実長を回転半径として，円を描きその交点を求める．この交点 $a_3$ と d, e を結べば求める三角形の実形が求められる．この場合の∠$da_3e$ が求める夾角 $\alpha$ となる．

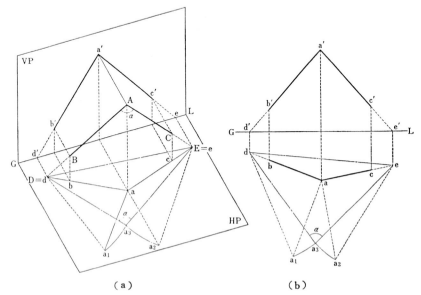

（a）　　　　　　　　　（b）
図 2・21　相交わる2直線の夾角を求める．

## 4. 平面の正投象

輪郭のある平面の投象は，その輪郭を一本一本の直線とみなし投象し，その直線の投象図で囲まれたものが平面の投象図となる．そのため輪郭のない平面では，投象図を表わすことが難しいことになる．

そこで，輪郭のない平面では，その平面と投象面とが交わる交線を持って，その平面の輪郭とし，その交線が直立投象面となす交線を直立跡（vertical trace）といい，水平投象面となす交線を水平跡（horizontal trace）という．また，副投象面となす交線を副跡（auxiliary trace）という．

そして，この平面をTとすると，この直立跡はT-t′，水平跡はT-tで表わされる．また，直立投象面と平面Tおよび水平投象面と平面Tがなす傾角は，それぞれ直立投象面となす角を直立傾角 $\varphi$（vertical angle of inclination），水平面となす角を水平傾角 $\theta$（horizontal angle of inclination）で表わす．さらに，直立跡T-t′，水平跡T-tによって挾まれた平面Tの角いわゆる t′Tt の角を開角（angle between trace）という（図2・22）．

なお，この平面の形の典型的な例を示すとつぎのようになる（図2・23）．

① 水平投象面に平行で，直立投象面に垂直な平面はその投象図が，直立跡のみ存在する〔図2・23の(A)〕．

② 直立投象面に平行で，水平投象面に垂直な平面は，その投象図が，水平跡のみ存在する〔図2・23の(B)〕．

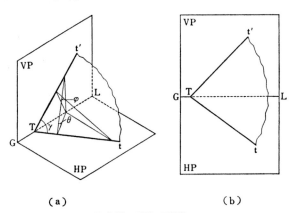

(a)       (b)

**図 2・22** 平面の正投象．

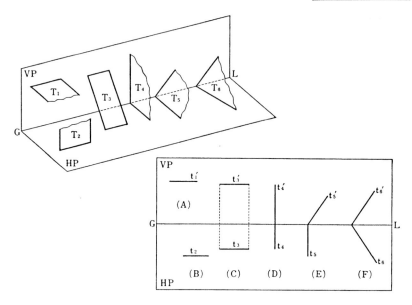

図 2·23

③ 直立跡,水平跡ともに基線に対して平行であるが,直立投象面,水平投象面のいずれにも傾角を持っている平面〔図2·23の(C)〕.

④ 水平跡,直立跡いずれも基線に対して垂直となる平面〔図2·23の(D)〕.

⑤ 水平跡は,基線に対して垂直であるが,直立跡は基線に対して傾角を持つ平面〔図2·23の(E)〕.

⑥ 水平投象面,直立投象面のいずれに対しても傾角を持つ平面〔図2·23の(F)〕.

(1) **平面Tの傾角を求める** 平面Tが水平投象面となす角すなわち,水平傾角 $\theta$ を求めるためには,まず水平跡 T-t 上に任意の一点Pを求める.つぎにこのPを通り,水平跡 T-t に垂直な直立副投象面を描き,この直立副投象面と直立投象面との交線を PM とする〔図2·24(a)〕.このときの∠MPN は求める水平傾角となるが,この水平傾角を投象図で求める場合は,図2·24(b)に示すように,副投象面の三角形 PMN を直線 PM を軸に水平投象面に平行になるまで回転させ,その投象図を求めればよい.そこでこれを投象図で見ると ∠MPN₁ は求める平面Tの水平傾角 $\theta$ となる.

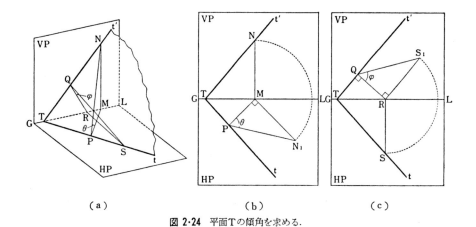

(a) (b) (c)

図 2・24 平面Tの傾角を求める.

直立傾角を求める場合は，直立跡 T-t′ 上に任意の点Qをとり，このQを通りかつ，直立跡 T-t′ に垂直な水平副投象面 QRS を求める．つぎにこの QR を軸として，三角形 QRS を直立投象面まで回転させると，この投象図に現われた∠$S_1$QR は，求める平面Tの直立傾角 $\varphi$ となる〔2・24（c）〕.

(2) 2平面間の交線の投象図を求める　2平面間の交線 (line of entersection) とは，跡 $t_1T_1t_1'$ で表わされる平面 $T_1$ と跡 $t_2T_2t_2'$ で表わされる平面 $T_2$ とが相交わる直線ABをいう〔図2・25（a）〕．そこで，この交線 AB の投象図を描くと，図2・25（b）となり，この a′ 点と b′ 点とを結んだ直線が交線 AB の直立投象図，a 点と

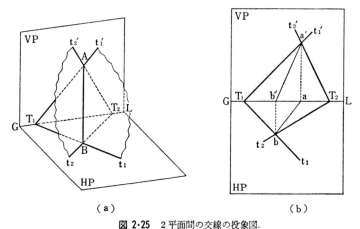

(a) (b)

図 2・25 2平面間の交線の投象図.

b点とを結んだ直線が交線 AB の水平投象図となる．

**（3） 平面の両跡間における開角を求める** 両跡間における開角（angle between trace）とは，平面と両投象面と交わってできる水平跡（T-t）と直立跡（T-t'）とのなす角 ∠t'Tt をいい，この開角を求めるためには，平面Tをどちらかの跡を軸として回転させ，投象面まで倒せば容易にできる．図学ではこのように平面を一方の跡を軸として回転させ，投象面まで倒すことをラバット（rabat）と称し，ラバットされた図形をラバットメント（rabattment）と称する．

作図法は水平跡 T-t を回転軸としようとするならばまず T-t 上に任意の点Aを求める．つぎにこのA点より，跡 T-t に対して垂線を立て延長し，GL 線との交点をMとする．点Mより基線 GL に対して垂線を引き，直立跡 T-t' との交点をBとする．この三角形 ATB を水平跡 T-t を軸として水平投象面に倒せばよいのであるが，これを投象図で示すと図2・26（b）のようになる．ここではまず，ma の延長線を引き，つぎに T を中心とした半径 Tb' の円弧を描き，その交点を $b_1$ とすると，この $b_1$ とTを結べば∠$b_1$Ta は求める両跡間の開角となる．これは，もちろん，この平面Tを，直立跡 T-t' を軸として回転させても同じことである．

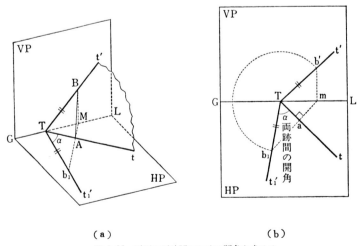

（a）　　　　　　　　（b）
**図 2・26** 平面の両跡間における開角を求める．

**（4） 平面上にある三角形の実形を求める**　平面T上にある三角形 ABC の立体図を描くと図2・27（a）に示すようになる．この立体図に見られるような三角形 ABC の実形を求めるのには，この平面Tをラバットし，実形を求めるのがよい．

そこでまず，三角形 ABC の各辺を両跡まで延長し，その交点を求め，これを，F, G, H, I, J とする．この投象図はそれぞれ ff′, gg′, hh′, ii′, jj′ となる．つぎに平面Tを水平投象面にラバットし，$Tt_1'$ を求める．Tを中心とし Tf′, Th′ を通る同心円を描き，これを $Tt_1'$ 上に移し $f_1', h_1'$ を求める．

この $f_1'$ と g, $h_1'$ と a を結び，その交点を $c_1'$ とする．b 点から Tt に垂線を描き，その延長線と直線 $f_1'g$ との交点を求め $b_1'$ とする．$b_1'$ と i を結び，直線 $h_1'i$ との交点を $a_1'$ とすると，この $\triangle a_1'b_1'c_1'$ は求める三角形 ABC の実形となる（図2・27）．

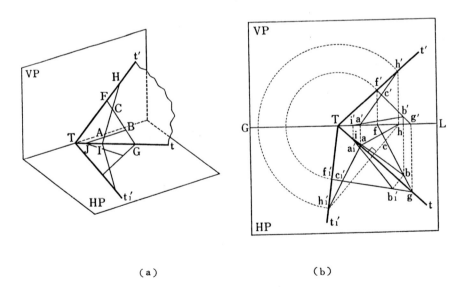

（a）　　　　　　　　　（b）

**図 2・27**　平面上にある三角形 ABC の実形を求める．

(5) **与えられた平面上に正六角形の投象図を描く** 逆ラバットを利用すればよい．まず水平投象面上に正六角形を描いて，この六角形のそれぞれの頂点を a, b, c, d, e, f とする．

つぎにこの各頂点からGL線に対して垂線を引き，GL線との交点を $a', b', c', d', e', f'$ とする．Tを中心として $T-a', T-b', T-c', T-d', T-e', T-f'$ を半径とする円弧を描き，平面の跡 $T-t'$ との交点 $a_1', b_1', c_1', d_1', e_1', f_1'$ を求める．さらにこの交点から基線 GL に対して垂線を降す．最初の各点 a, b, c, d, e, f から基線 GL に対して平行線を引いた直線との交点を求め，その交点を $a_1, b_1, c_1, d_1, e_1, f_1$ とすると，この $a_1 b_1 c_1 d_1 e_1 f_1$ が平面 T に描かれた正六角形の投象図となる（図2・28）．

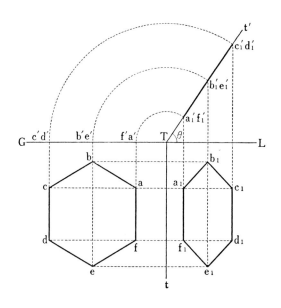

図2・28 与えられた平面P上に正六角形の投象図を描く．

**(6) 2平面間の夾角を求める**　2平面間の夾角とは，二つの平面$T_1, T_2$によって挟まれた角をいい，立体図で現わすと図2・29（a）のようになり，$\alpha$がこの夾角となる．この夾角を求めるためには，まず，2平面間の交線ABを求め，このAB上に任意の点Eをとり，このE点から，ABに対して垂線を降し，平面との交点をOとする．このO点を通りABの水平投象図abに垂直な線を引き，平面$T_1, T_2$の水平跡との交点をC, Dとすると∠DECは求める2平面$T_1, T_2$間の夾角となる．投象図では，この三角形CDEを平面投象図に倒せば求まる〔図2・29（b）〕．

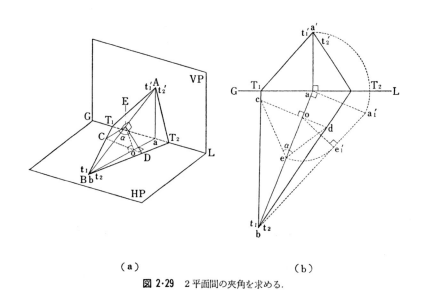

（a）　　　　　　　　　（b）

図 2・29　2平面間の夾角を求める．

## 5. 多面体の正投象

立体の定義は，本章の始めに述べたとおり，三次元の有限の広がりを持つ空間であり，建築物はすべてこの立体空間によって構成されている．そして建築物としての立体空間を表現するには模型による方法が最もわかりやすい．しかし，このように建築物を模型で説明しようとすると，どうしても細部まで説明することが困難

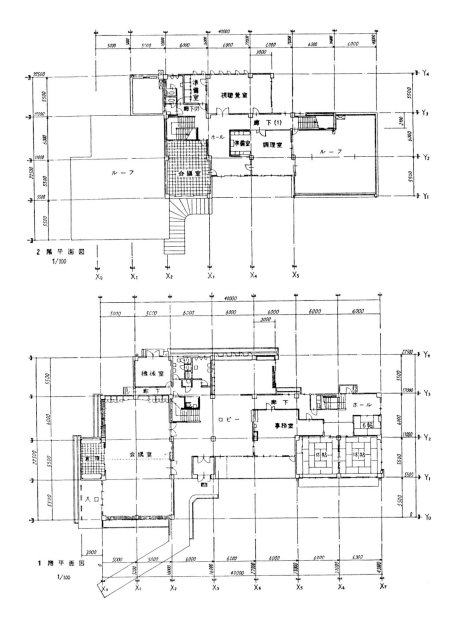

図 2·30 多面体の実例としての建築（会津若松市立北公民館平面図）
基本設計：佐藤平，実施設計：清水公夫

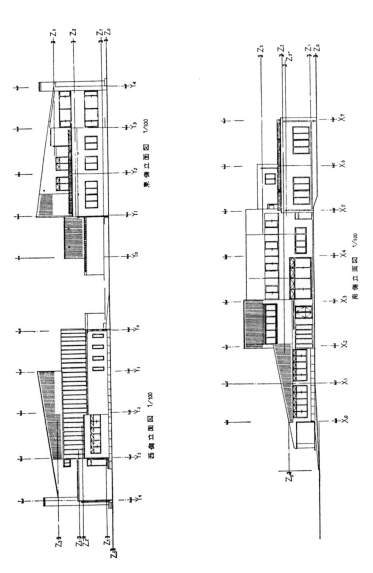

図 2·31 会津若松市立公民館立面図（基本計画：佐藤平，実施設計：清水公夫）

となり,実際には,特別な場合を除きあまり利用されない.そこで一般的には図面で説明するようになる.では,建築物を図面で表現するには,どのような方法がとられるであろうか.建築物を現わす方法には,視覚的に立体的に表わす方法と,平面的に展開し表わす方法とがある.そしてこの立体的に現わす方法としては,後に述べる単面投象図法が利用される.ただしこの単面投象図法にも斜投象,軸測投象,透視投象等があるが,もちろんこれらのいずれの方法も建築ではかなり利用されている.

しかし,建築で最も多く利用されている表現方法は,むしろ単面投象でなく立体を部分的に平面として現わす正投象であろう.ただし,建築では,この正投象のうち水平投象を平面(plane),直立投象を立面(elevation)と称しているが,この平面も立面も言葉は違うがいずれも正投象の一つであることにはかわりがない.そこで,ここでは,この立体のうちの多面体(polyhedron)の正投象法について説明する.多面体とは,いくつかの平面によって囲まれた立体をいい,この表面をなす一つ一つの多角形を面(face),面と面との交線を稜(edge),稜の集まる点を頂点(vertex),また同一平面上にない二つの頂点を結ぶ直線を対角線(diagonal line)という.そして,多面体は,その面の数によって四面体,五面体,六面体等と区分している.

(1) **正四面体の投象図を求める** 正四面体の投象図を描くためには,その正四面体が両投象面に対してどのように置かれているかによって描き方が違ってくる.ここでは,まず,正四面体の一つの面が水平投象面上に置かれている場合の投象図を描いてみることにする.

水平投象面上に,一辺の長さを $l$ とする正三角形を描き,その頂点をabcとする.つぎにその正三角形の重心を求め,vとする.この場合重心vと頂点は一致するので,この頂点と三角形abcの頂点

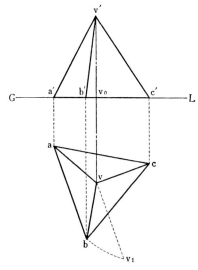

**図 2·32** 正四面体の投象図.

を結べば,この結んだ線は正四面体の平面図となる.

　直立投象図は,この平面図の中の頂点 v の高さの実長を知ればできる.そこで,この v の高さの実長を求めるため,平面上の直線 cv の v 点より垂線を描き,つぎに c 点を中心として,cb の長さを半径とする円弧を描き,その交点を $v_1$ とする.この $vv_1$ は求める頂点の高さとなるので,この長さを GL 線上の $v_0$ 点より垂直にとり,$v_0v'$ とする.$a'b'c'$ の各点と $v'$ を結べば,求める正四面体の直立投象図となる.

**(2) 正六面体の投象図を求める**　正六面体とは,通常立方体といわれるもので,この正六面体の投象図も,その正六面体が両投象面に対してどのような位置に置かれるかによって作図法が変わってくる.ここでは図 2・33 に示すように,この正六面体の一面が水平投象面に接し,さらにその対角線の一つ ac が直立投象面に対して平行であるものとすると,この正六面体の直立投象面は,平面の一辺の長さを直立投象面にとり,つぎに平面図 abcd, efgh から基線に対して垂直となる線を引きその交点を $a'b'c'd'$ および基線との交点を $e'f'g'h'$ とすれば,この図は求める正六面体の直立投象図,いわゆる立面図となる.

　つぎに,この立面図の対角線 $a'g'$ が水平投象面に対して垂直なときの投象図を求めようとすると,まず対角線 $a'g'$ を結ぶ直線の延長線に直交する副基線 $G_1L_1$ を描

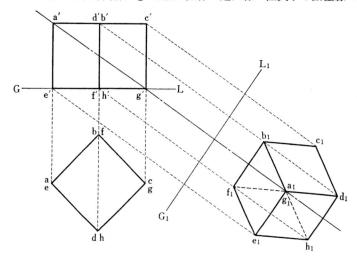

**図 2・33** 正六面体の投象図.

く．さらに，GL から a, c, e, g までの距離を $G_1L_1$ からとり，$a', c', e', g'$ と $G_1L_1$ との垂直線の延長線との交点を求め $a_1, c_1, e_1, g_1$ とする．同じように，b, h, f, d と GL との垂直距離を $G_1L_1$ からとり，$b', h', f', d'$ からの延長線の交点を求め $b_1, h_1, f_1, d_1$ とすると，これを結んだ線は $a'g'$ の対角線を平面と垂直に立てた場合の副水平投象図となる．

（3） **正八面体の投象図を求める**　正八面体の一つの対角線が，水平投象面に垂直であるときの投象図を求めるときは，まず正八面体の一辺の長さを $L$ とし，一辺の長さ $L$ の正方形を水平投象面に描き，その頂点を a, b, c, d とする．そしてその対角線を ac, bd とすれば，その交点は正八面体の水平投象面に垂直な対角線の投象図となり，その記号を e, f とする．そしてこの水平投象面に描かれた abcdef は，求める正八面体の水平投象図となる．

この直立投象図を描く場合は，正八面体の性質上，すべての対角線は相等しいことから，立面図は ac または bd に等しく $e'f'$ をとり，直立投象面の対角線を求める．つぎにこの $e'f'$ の ½ で，基線に平行なる線を求め a, b, c, d の各点から基線に対して垂直線を引き，その延長線との交点を求め $a', b', c', d'$ とする．この $a', b',$ $c', d'$ と $e', f'$ を結べば求める正八面体の直立投象図が完成する（図2・34）．

つぎに正八面体の一面が，水平投象面上に接している場合の投象図を求めてみる．まず，水平投象面上にこの正八面体の一側面である一辺 $L$ の正三角形を描き，この頂点を abc とする．正八面体の性質上，底面が正三角形 abc とすれば，この正八面体の上面は逆向きの正三角形となり，図2・35 で示すように，正三角形 def となる．この三角形 abc, def の二つの三角形の各頂点を結べば正六角形 abdecf となるが，この正六角形は，求める正八面体の水平

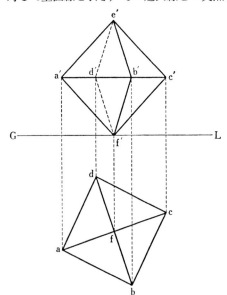

**図 2・34**　正八面体の投象図．

投象図となる．

　直立投象図を求めるには，この三角形 abc および def は，それぞれ水平投象面に平行であることから，正六面体の上面である def のどれか一点の高さを求めればよいことになる．そこで，正八面体では三角形 abc と adb は合同である性質を利用し，三角形 abd が水平投象面と垂直をなす高さを求めればよい．そのためには三角形 abd の一辺 ab を軸とし，水平投象面に倒し，三角形の実形 $abc_1$ を求める．つぎに $c_1$ と d を結び，その延長と ab の交点を s とする．s を中心に $sc_1$ を半径とする

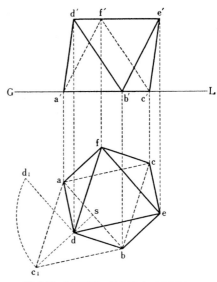

図 2・35　正八面体の投象図（一側面が水平投象面上に接している場合）．

円弧を描き，d 点上の垂線との交点を $d_1$ とする．$dd_1$ は正八面体の求める垂線の高さとなるので，この長さを直立投象面にとると $d'e'f'$ が求まり，底辺の $a'b'c'$ を結べば正八面体の直立投象図となる．

　**（4）角錐の投象図を求める**　一つの多角形と，その各辺の底辺を一辺とする正三角形でかつ底辺以外に共通の頂点を持つ多面体を角錐（pyramid）といい，この多角形の面を底面（base），三角形の各面を側面（side または lateral face），底面から頂点までの距離を高さ（height），頂点に集まる稜を側稜（lateral edge）または側辺という．

　角錐は，この底面の辺数によってそれぞれ三角錐，四角錐，五角錐，六角錐等と称するが，このうち頂点から底面に降した垂線が正多角形の中心になる角錐を正角錐という．

　この角錐の底面が水平投象面に接している場合この投象図を描くには，まず，角錐の底辺を水平投象面に描き，頂点を求める．つぎに各頂点より基線に対して垂線を引き，その交点を求める．各交点と頂点とを結べば，直立投象図が求められる．図 2・36 はいずれも三角錐の投象図を表わしたものである．

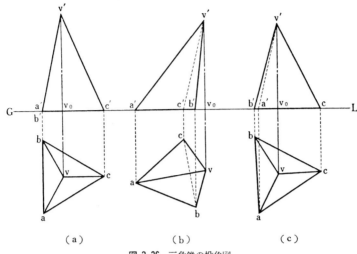

(a) (b) (c)

図 2·36 三角錐の投象図.

**(5) 角柱の投象図を求める** 角柱とは，二つの底面が合同な多角形で，この二つの底辺の各頂点を結ぶ直線はすべて平行で，その側面は平行四辺形をなす多面体を角柱といい，角柱はその角柱の底面のなす角の数によって，三角柱，四角柱，五角柱，六角柱等と称される．またこの角柱のうち，側稜が底面に対して垂直なときの角柱を直角柱，底面に対して傾斜角をもっている角柱を斜角柱という．

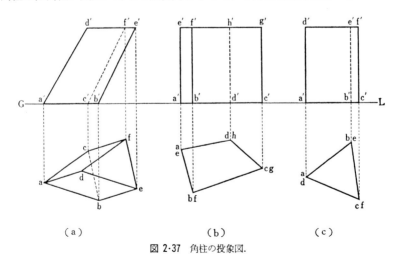

(a) (b) (c)

図 2·37 角柱の投象図.

この角柱の投象図は，まず角柱の底面の形を水平投象面に描き，各頂点から基線 GL に対して垂線を引き，その交点を求める．ただし，上部底面はそのまま角柱の高さまで延長する．つぎに角柱の下部底面と上部底面とを結べば，角柱の直立投象図が得られる．角柱の水平投象面は，水平投象面に描かれた正多角形そのままが水平投象図となる．図 2·37 はいずれも角柱の投象図を表わしたものである．

## 6. 立体の展開

展開 (develop) とは立体の表面を連続した図形として 1 平面上に広げることで，その広げられた図形を展開図 (development) という．立体の中には多面体のように展開できるものと，曲面のように展開できたりあるいは近似値の得られるもの，まったく展開のできないもの等がある．

建築では模型作り等で，かならずこの展開図を利用するが，実際の図面の作成でも利用されることが多い．ただし，建築の実際の図面で展開図を描く場合は，考え方は連続したものとして考えるが，図面そのものはわかりやすくするため各面を一つ一つ分解して描くことが多い．

**（1）多面体の展開図を求める**　多面体は多角形によって組み立てられているものであるから，この多角形の各面の実形図を求め，その各実形図を連続したものとして描けばよい．なお，多面体には各面がすべて同じ正多角形を持つ正多面体がある．図 2·38, 図 2·39 は，この正多面体の展開図の例を示したものである．

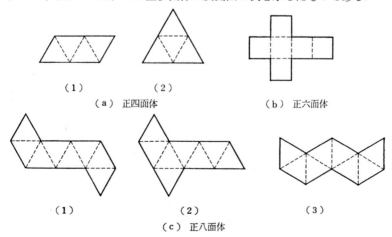

図 2·38　正多面体の展開図（その 1）．

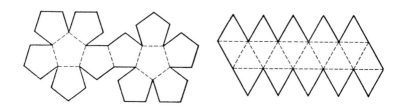

（a）正十二面体　　　　　　　（b）正二十面体

図 2·39　正多面体の展開図（その2）.

## （2）直立円錐の展開図を求める

直立円錐の立体を展開するには，その直立円錐の側面上に数多くの面素を作り，面素間の実形を作図すればよいことになる．しかし，直立円錐は，この面素がすべて同じ長さとなることから，直立円錐の側面の展開は扇形となることになる．そして，その扇形は面素を半径とした円弧になるはずである．この投象図を描くにはまず，図2·40に示すように，水平投象面に描かれた円より，その半円周の長さ dn を求める．直立投象図では $VA_1$ 線上の $A_1$ より垂線を引き，その長さを半円周の長さと等しくし，$A_1e$ とする．$\frac{1}{4}A_1e$ をとり f

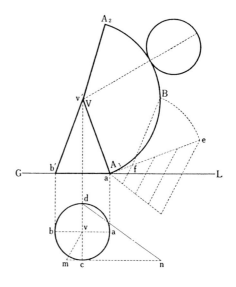

図 2·40　直立円錐の展開図.

とする．fe を半径とする円弧を描き，あらかじめ $VA_1$ を半径として描いておいた線との交点をBとする．このとき $A_1B$ は求める直立円錐の底面の½の長さとなることから，これを2倍し $A_1A_2$ とすると，円弧 $A_1A_2$ は，求める円錐の底面の円周となる．この円周上の任意の一点に接する半径 $VA_1$ の円を描くと求める直立円錐の展開図が求められる．

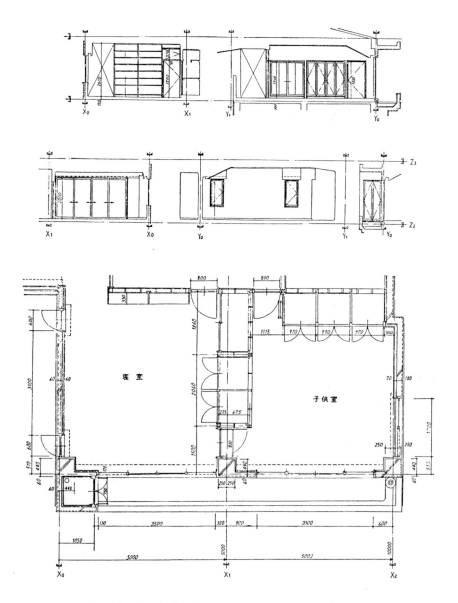

図 2・41 展開図の実例（鉄筋コンクリート住宅）設計：清水公夫

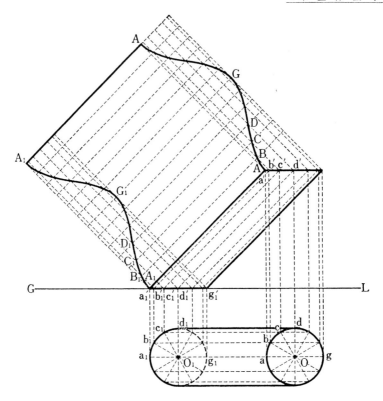

図 2·42 斜円柱の展開図.

**(3) 柱面の展開図を求める**　直立投象面に平行に置かれた斜円柱の投象図を求めて見る．円の両底面を $n$ 等分し，それぞれ a b c d……および $a_1$ $b_1$ $c_1$ $d_1$……とする（図 2·42 では 12 等分している）．$n$ 等分された分割点をそれぞれ直立投象面に移し，a′ b′c′ d′……および $a_1{'}$ $b_1{'}$ $c_1{'}$ $d_1{'}$ とし，つぎに a′ と $a_1{'}$, b′ と $b_1{'}$, c′ と $c_1{'}$……を結び，母線を求める．この母線は直立投象面に平行であることから，実長となって現われる．

　直立投象面の a′ および $a_1{'}$ より，弧の長さ ab および $a_1 b_1$ を直延した長さを円径として円弧を描き，b′ および $b_1{'}$ より a′$a_1{'}$ に垂線を立てた直線との交点を B, $B_1$ とすれば，この $A_1 B_1 BA$ は求める円柱の等分された面素の展開図となる．同様にして，BCD……および $B_1 C_1 D_1$ を求めれば，柱面の展開図が求められる．

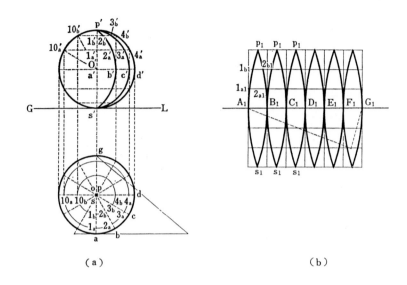

(a)　　　　　　　　　　　(b)

図 2·43　球面の展開図.

**(4) 球面の展開図を求める**　一般に，球面のような曲面は展開不能とされている．そこで，このような展開不能な曲面を展開するのには，できるだけ曲面を小部分に分割し，近似的に展開可能な曲面として考えて展開することになる．そしてこの展開法には，求める曲面の形によっていくつかの展開法が見られるが，ここでは，このうち軸を含む補助平面でいくつかに分割し，それらの小部分を展開する経線法 (meridan method) によって球面を展開して見る．

経線法によって球を展開するには，まず図 2·43 に示すように，球を経線によって細かく等分割し，oa, ob, oc, od……とする．つぎに，円 O' の経線を等分割し，その点を円 o に投象する．さらにこれらの点を通る同心円（緯円）をいくつか作り，その交点を $1_a, 2_a, 3_a, 4_a$, ……および $1_{a_1}, 2_{a_1}, 3_{a_1}, 4_{a_1}$, ……とする．これらによって分割された面は求める球の一小部分の展開図と考えられる．

図 2·43 は球の経線を 30°（12 等分）に分割し，緯円を五つ設けたものであるが，これによって球の小部分の平面図 pab が求められる．そして，その弦 $\widehat{ab}$, $\widehat{1_a2_a}$, $\widehat{1_b2_b}$ は実長を示すことになる．

直立投象面の $\widehat{p'1_b'}$, $\widehat{1_b'1_a'}$, $\widehat{1_a'a'}$ の長さは，それぞれ $\widehat{p'4_b'}$, $\widehat{4_b'4_a'}$, $\widehat{4_a'd'}$ と同じ長さである．そこで，この展開図を求めるためには図2·43(b)に示すように横軸に半円周の長さをとり，$A_1G_1$ とする．これを6等分し $A_1\ B_1\ C_1\ D_1\ E_1\ F_1\ G_1$ とすれば，$\widehat{ab}$, $\widehat{bc}$……の実長は $A_1B_1, B_1C_1$……となる．

$\widehat{ab}=\widehat{p'1_b'}$ とすると，展開図の中に $A_1B_1$ を1辺とする正方形のグリットをとり，$A_1G_1$ の上下に各3本ずつ描く．

このグリット上に $\widehat{ab}=A_1B_1$, $\widehat{1_a2_a}=1_{a1}2_{a1}$, $\widehat{1_b2_b}=1_{b1}2_{b1}$……を求めると，月形図形 $p_1A_1s_1B_1p_1$ が求められる．これを12個連続して描けば球面の展開図となる．

## 7. 立体の切断

立体の切断とは立体のある部分を平面で切り取って表わそうとするもので，一般的には，その切り口を断面 (section) といい，切断された平面を切断平面 (cutting plane) または切断面という．そして多面体の断面図は，多面体の側面と切断面との

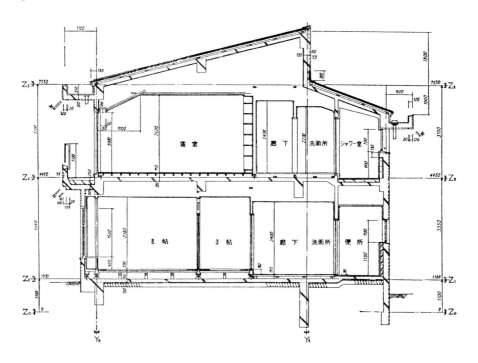

図 2·44　断面図の実例（鉄筋コンクリート造2階建住宅断面図）

交線からなる多角形となり，曲面では平面曲線となる．

建築の図面でも，切断面がよく使われる．これは平面図，立面図だけでは，建物の一部分だけしか表現できないので，その建物の内部の状況を表わすために描かれるものである．この場合の切断面は建築では断面と称し，そのほとんどは壁面に平行な断面をもって表わすが，まれには壁面に対して傾斜した断面をもって表わすこともある．

（1）**三角錐の切断面の投象図を求める**　三角錐 ABCD がある．この三角錐を水平跡が直立投象面に垂直で，水平投象面に傾斜している平面Tによって切断された場合の切断面の投象図を求めようとするならば，まず，図2·45(a)に示すように，直立投象図の各稜と平面Tの直立跡 T-t' との交点を求め，その交点を $e', f', g'$ とする．つぎに，$e', f', g'$ より GL 線に対して垂線を降し，三角錐の水平投象図の各稜との交点を求め，この交点を $e, f, g$ とする．この $e, f, g$ を結べば，求める切断面の水平投象図となる〔図2·45(a)〕．

同じ三角錐を両投象面に傾斜している平面Tで切断するには，まず，直立跡 T-t に垂直な副投象面をつくり，その基線を $G_1L_1$ とする．この副投象面に三角錐の

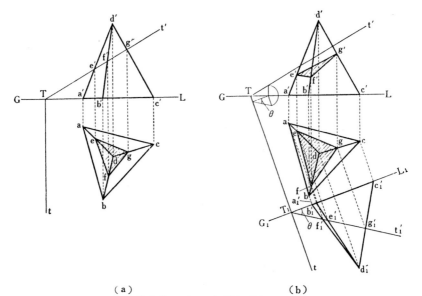

(a)　　　　　　　　(b)
**図 2·45** 三角錐の切断面の投象図．

投象図を描き $a_1', b_1', c_1', d_1'$ とする．つぎに平面の水平傾角 $\theta$ を求め，副投象面における平面 T の跡 $T_1\text{-}t_1'$ を求める．この跡 $T_1\text{-}t_1'$ と三角錐 $a_1' b_1' c_1' d_1'$ の稜との交点を求め $e_1', f_1', g_1'$ とする．この $e_1' f_1' g_1'$ より $G_1L_1$ に対して垂線を降し，三角錐の水平投象図との交点を求め $e, f, g$ とする．この $e, f, g$ を結べば，求める三角錐の平面 T による切断面の水平投象図が得られる．直立投象図は $e f g$ の各点から GL 線に対して垂線を引き，三角錐の各稜との交点 $e', f', g'$ を求め，これを結べば三角錐の切断面の直立投象図が求められる〔図 2・45（b）〕．

**（2） 六角柱の切断面の実形を求める**　六角柱の底辺が水平投象面に接している場合の投象図は，図 2・46 に示すように，六角柱の水平投象図は $a b c d e f$ となり，直立投象面は $a_0 b_0 c_0 d_0 e_0 f_0$，および $a' b' c' d' e' f'$ となる．この六角柱の平面 T による切断面の実形を求めるためには，まず平面 T による切断面の投象図を求める必要がある．切断面の投象図を求めるためには，水平投象面の $a b c d e f$ の各点より，T-t に平行線を引き，基線 GL との交点を $g_0 h_0 i_0 j_0 k_0 l_0$ とする．

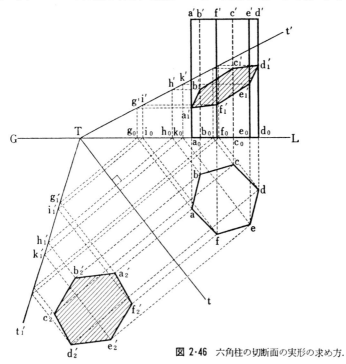

**図 2・46**　六角柱の切断面の実形の求め方．

つぎに $g_0\ h_0\ i_0\ j_0\ k_0\ l_0$ の各点より基線 GL に対して垂線を引き，T-t' との交点を $g'\ h'\ i'\ j'\ k'\ l'$ とする．$g'\ h'\ i'\ j'\ k'\ l'$ の各点より，基線 GL と平行になる線を引き，六角柱の稜との交点を求め，$a_1'\ b_1'\ c_1'\ d_1'\ e_1'\ f_1'$ とすると，この点で結ばれたものが切断面の直立投象図となる．つぎに，平面Tの実形を求めるためにはまず，平面Tをラバットして，その跡を T-$t_1'$ とする．つぎに，平面Tを中心として半径 Tg'，Th'，Ti'，Tj'，Tk'，Tl' の同心円を描き，T$t_1'$ との交点をそれぞれ $g_1'$，$h_1'$，$i_1'$，$j_1'$，$k_1'$，$l_1'$ とする．この $g_1'$，$h_1'$，$i_1'$，$j_1'$，$k_1'$，$l_1'$ の各点より，跡 T-t に対して平行線を引き，この平行線と水平投象面 a b c d e f の T-t に対する垂直線の延長との交点を求め，$a_2'\ b_2'\ c_2'\ d_2'\ e_2'\ f_2'$ とする．この $a_2'$，$b_2'$，$c_2'$，$d_2'$，$e_2'$，$f_2'$ を結んだ線は求める切断面の実形となる．

### （3）円錐の切断面を求める

円錐の底面が水平投象面に接している円錐を直立投象面に対して垂直な平面Tで切断し，その投象図を求める場合を例にとると，まず円錐の底面を水平投象面に描きその水平投象図の円を中心点Oを通る半径で $n$ 等分し円周の交点を a b c d e f g……（図2・47では12等分）とする．つぎに，a b c d e f g……の各点より基線GLに垂線を引き，GLとの交点を $a_0\ b_0\ c_0\ d_0\ e_0\ f_0\ g_0$…

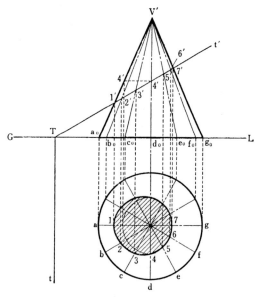

図 2・47 円錐の切断面.

…とする．さらに $a_0\ b_0\ c_0\ d_0\ e_0\ f_0\ g_0$ の各点と円錐の頂点を結び，平面Tの直立跡 T-t' との交点を 1' 2' 3' 4' 5' 6' 7' とすると，この 1'〜7' は円錐の平面Tによる切断面の直立投象図となる．つぎに 1' 2' 3' 4' 5' 6' 7' の各点より，基線 GL に対して垂線を降し，その延長線と円の $n$ 等分線との交点を求め 1 2 3 4 5 6 7 とすると，この点を結べば円錐の平面Tにおける切断面の水平投象図となる．

## 8. 立体の陰影

物体に光線を当てると，物体には必ず明るい部分と暗い部分ができる．図学ではこの明るい部分いわゆる光に照らされた部分を光面 (illuminated surface)，暗い部分いわゆる光の当たらない部分を陰 (shade) または陰面 (dark surface) といい，この光の当たる部分と当たらない部分との境界線を陰線 (shade line) という．

また，物体に光線を当てると，前述したように物体そのものに明るい部分と暗い部分が現われるだけでなく，物体の後方にある画面に対しても光線が物体によって遮られ，画面の一部に明るい部分と暗い部分とをつくることになる．

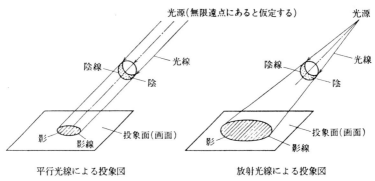

図 2・48 立体の陰影．

この場合の暗い部分は物体の暗い部分，いわゆる陰と区別するため，影 (shadow) とし，陰線によってできる線を影線 (shadow line) と称している (図2・48)．

このように，物体に光が当たると，物体や画面に必ず明るい部分と暗い部分ができるが，同じ大きさの物体でもその陰や影の大きさや型は，光線の角度，光源の位置によって，大きさや型が変わってくる．そこでこの光源の位置を分類すると大きく分けて，無限遠点に光源がある場合と有限距離に光源がある場合に分けられる．そして，光源が無限遠点にある場合は，光線は物体に対して平行光線 (parallel ray) となり物体の影の大きさは物体と同じになり，光源が有限距離にある場合には，光線は放射光線 (radiation ray) となり，影は一般に物体より大きくなる．しかし，一般に，陰影として光線を扱う場合は，光源は無限遠点にある平行光線でかつ特に指定がなければ，直立投象面あるいは水平投象面に対して45°方向に投射することにしている．

**(1) 直立四角柱の陰影** 立体の陰影を作図する場合は，立体が点，線，面の複合体であると考えると理解しやすい．

図2・49において，上底面 ABCD の影が水平面上にできる影を求めると $a_1b_1c_1d_1$ となる．しかし，$c_1d_1$ は虚影であり，垂直面上にできる $c_2'd_2'$ が実影となる．

上底面の一辺 BC の影は，水平面上であれば $b_1c_1$ を結んだ線となるが，GL 線上の i で折線となり，$b_1ic_2'$ が影線となる．同様に，一辺 DH の影は GL 線上の j で折線となり，$djd_2'$ が影線となる．

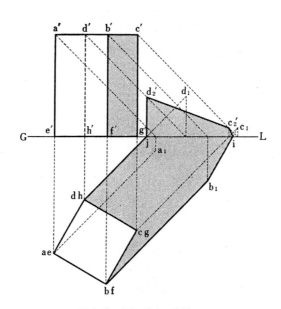

図 2・49 直立四角柱の陰影．

以上，求められた実影の各点を結んだ，$djd_2'c_2'ib_1b$ が直立四角柱の影線となり，影線で囲まれた部分が影となる．

つぎに，陰面は光線の影の側に包み込まれた部分と考えると図2・49では bcd が陰線となり，これを含む直立四角柱の2面，つまり，BCGF 面と CDHG 面が陰面となる．なお，この場合の光線は平行光線とし，入射角度は水平面および垂直面に対して 45° 上方からと考えたものである．

**(2) 四角錐の陰影** 四角錐の影は，頂点 v の影を作図することができれば比較的求めやすい．

図 2・50 において，頂点 v の水平面上の影は $v_1$ となり，$v_1$ と四角錐の底面の各点とを結んだ $av_1, bv_1, cv_1, dv_1$ が水平面上の影線となる．しかし，$v_1$ は虚影であり，GL 線上で折線となって垂直面上にできる $v_2'$ が頂点 v の実影となる．よって，$v_1$ と底面の各点とを結んだ影線が GL 線上で折線となる各点を e f g h とすると，各稜の影線は $aev_2', bfv_2', cgv_2', dhv_2'$ となるが，影は外郭を結ぶ線となるから，$dhv_2'fb$ が求める四角錐の影線となり，これに囲まれた部分が影となる．

つぎに，陰面は光線の影の側に包み込まれた部分と考えると，底面 bcd が陰線となり，これを含む 2 面，つまり，三角形 BCV 面と三角形 CDV 面が陰面となる．

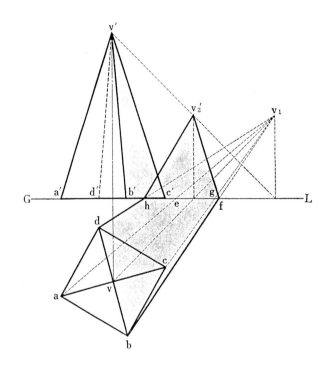

**図 2・50** 四角錐の陰影．

**(3) 直立円柱の陰影** 図2·51は直立円柱の投象図である。この円柱の陰影を求める場合はまず，上底面の中心 o の水平面上の影 $o_1$ を求め，$o_1$ を中心に半径 $o_1a_1$ の円を描き，両円に共通の接線を引くと，$aa_1b_1b$ は直立円柱の影線となり，この線で囲まれた内部が水平投象面上の影となる。しかし，図 2·51 からも明らかなように，GL 線上を折線として垂直面上にも影ができるので，直立投象面の影を求める必要がある。この直立投象面上の影を求めるには，上底面の円弧 $\overparen{ab}$ 間に e 点をと

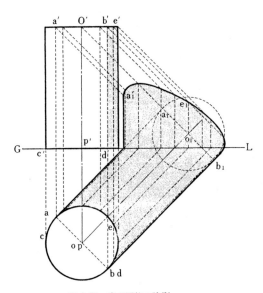

**図 2·51** 直立円柱の陰影.

り，その直立投象面上の影 $e'$ を求めると，$e'$ 点は円弧 $\overparen{ab}$ の影線 $\overparen{a_1b_1}$ を構成する１点となる。同様に，円弧 $\overparen{ab}$ 間に多くの点をとって，各々の直立投象面上の点を作図し，それらを結ぶことにより，円弧 $\overparen{ab}$ の影線 $\overparen{a_1b_1}$ を求めることができる。よって，直立円柱の影は，水平面上の影線と直立投象面上の影線とによって囲まれた部分 $aa_1'e_1'b_1b$ となる．

つぎに，陰面は光線の影の側に包み込まれた部分と考えると，円弧 $\overparen{ab}$ が陰線となりこれを含む直立円柱の半面が陰面となる。なお，円柱における陰面は図2·51に示すような一面的な調子ではなく，実際には，曲面を構成して陰面の調子が微妙に変化していることに注意したい．

# 3章 単面投象
## （立体の図法）

　単面投象 (single plane projection) とは，ある物体を投象し，投象図を描こうとするとき，その投象図が，一つの投象面で描き表わされるときの投象図をいう．そしてこの単面投象には，軸測投象，標高投象，斜投象，透視投象等がある．これに

図 3·1　単面投象の作図例．H・ヤコビイ撰．西和夫訳 "ワールド パース 120"
　　　（集文社刊より転載）

対して投象面が複数であるとき，これを複面投象（double plane projection）といい，実際の建築製図では，三次元の立体を複面投象（正投象）で描くことの多いことは本書の2章で述べたとおりである．

しかし，三次元の立体（空間）を複面投象によって平面に分解（平面図，立面図，断面図，展開図等）して表現することは，表現のしやすさから見ればたしかに表現しやすいが，建築を立体的に見せようとすると，やはり三次元の立体（空間）を二次元の平面に描き，三次元の空間らしく見せる単面投象の方がわかりやすい．特に単面投象の中でも，軸測投象（axonometric projection）のうちの等測投象（isometric projection）と透視投象（perspective projection）は，その意味で今日では日常的建築製図の中でもかなり使われるようになってきている．

そこでここでは，単面投象のうち，建築で最も使われる軸測投象と透視投象を中心に説明する．

なお，ここで単面投象を立体図法といい表わしているのは，2章の立体図学と区別し，さらに，立体を二次元の平面に立体らしく表現しようとする一種の方法論であることから使ったものである．

## 3・1 標高平面図と斜投象と軸測投象

平行投象（parallel projection）とは，いわゆる物体を投象面に投象しようとするとき，その投射線がすべて平行であるときの投象をいい，その投射線と投象面の関係においてこれを直投象（right projection or perpendicular projection）と斜投象（oblique projection）に分けることができる．

これは，前者の場合は，投射線と投象面が常に垂直の関係にあるときで，後者は，投射線と投象面が垂直以外の関係にあるときをさす．

直投象は，さらに，物体の軸と投象面との関係から，正投象（othogonal projection）と軸測投象（axonometric projection）と標高平面図（indexed plane）に分けることができる．

このうち，正投象については，2章で説明したので，ここでは説明を省略する．

標高平面図とは，物体を一つの投象面に投象して，描かれた投象図に基準面からの高さを示す標高をつけ，物体を立体的に表わそうとするもので，地図等に利用さ

れるものである．

### 1. 標高平面

標高投象 (indexed projection) とは，立体的空間を表わすのに直立投象面を用いず水平投象面のみで，理解させようとするもので，表現方法は，立体の任意の点もしくは線を水平投象面に描き，その任意の点の高さと，基準点もしくは基準面としてとった水平面からの高さを数字あるいは記号で表わす方法である．

この標高投象を利用するのは，建築の平面図でも床からの高低差，地盤面からの高低差等にも利用されることがあるが，最も代表的な例としては，海面からの高さを示す等高線の入った地図であろう．

地図は，この等高線が入ることによって，その地形の起伏を知ることができるものであるが，建築でも，これと同じように等高線の入った測量図を使うことが多い．ただし，建築で使う場合の測量図は，海面からの高さでなく，ある基準面からの高さとして利用することが多い．

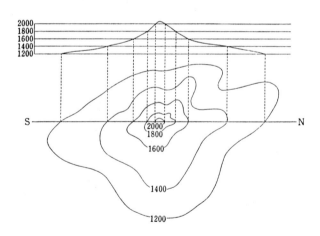

図 3·2 標高投象図の作図例．

### 2. 斜投象

斜投象 (oblique projection) とは，これまでの正投象が，投射線がつねに直立投象面あるいは水平投象面に対して垂直な平行投射線であったのに対して，投射線が物体に対して斜めの方向からの平行投射線となるものをいい，その投象図は，正投

象では，平面図，正面図，側面図等で示されるように，いくつかの画面で表わすのに対して，斜投象では，一つの画面で立体的に描かれるものをいう．

また斜投象では，その射線（ray）の傾角とその物体の位置によって，描かれる投象図が，水平投象面に描かれる場合と直立投象面に描かれる場合がある．そしてその投象図は，水平投象面では上から見下した鳥瞰図（bird's eye view）的になり，直立投象面では平行透視図（parallel perspective drawing）的になる．

斜投象では，特にこのように水平投象面に描かれる投象面をミリタリ投象（military projection），直立投象面に描かれる投象図をカバリエ投象（cavalier projection）と呼んでいる．

このように，斜投象では，その投象図は，射線によって描かれる投象図が種々変化する．しかしどのように変化しても，いずれも物体が一つの画面に立体的に表わされることから，単面投象といわれ，建築でも作図法が簡単であること，平面図，側面図が同時に表現できること等から，かなり使われるようになってきている．

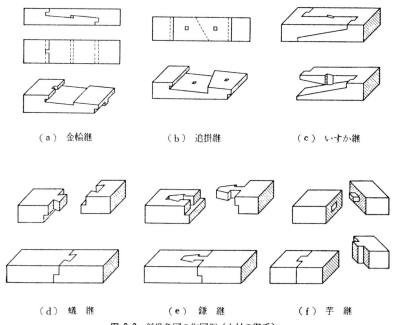

(a) 金輪継　　(b) 追掛継　　(c) いすか継

(d) 蟻継　　(e) 鎌継　　(f) 芋継

図 3・3　斜投象図の作図例（木材の継手）．

**(1) 斜投象の傾角と比率** 与えられた点をA,与えられた投射線をRとすると,図3・4(a)で示すように,Rは水平投象図ではrとなり,直立投象図ではr′となり,さらにA点の投象図はA′となる.このとき,三角形Aa′A′は,投射線によって一定の形となることから,$\dfrac{A'a'}{Aa'}$ は一定の比率をもつことになり,これを$\mu$で表わす.またこの投射線の直立投象図r′が基線となす角を傾角といい$\delta$で表わす.そしてこの$\mu$と$\delta$は,どのよう

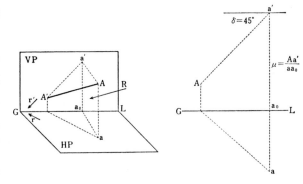

(a)　　　　　　　　(b)
図3・4 斜投象の傾角と比率.

にとってもよいことになっているが,ふつう,$\delta$は30°,45°,60°,$\mu$は,1,$\dfrac{3}{4}$,$\dfrac{1}{\sqrt{2}}$,$\dfrac{1}{2}$ 等の比較的わかりやすい数値を使い,この組合わせによって決められるこ

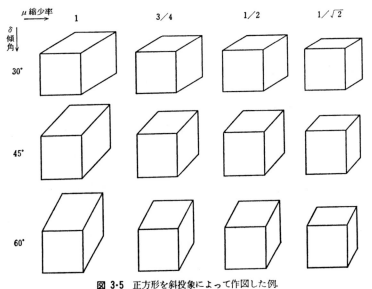

図 3・5 正方形を斜投象によって作図した例.

とが多い．

図3·5は，$\delta$と$\mu$の組合わせと，その仕上がり図の変化を示したものであるが，同じ立体でも，$\delta$と$\mu$の違いによってかなり違った形の投象図として現われることがはっきりしている．

(2) **立体の斜投象図を描く** 図3·6(a)は，立体ABCDEFGHIJを直立投象面に斜投象した図であり，図3·6(b)は，水平投象面に斜投象した図である．

投射線の方向は，それぞれ$r_1/r_1'$，$r_2/r_2'$としたものであるが，その描き方は，まず，水平投象面に，立体ABCD……の水平投象図を描き，直立投象面に立体ABCD……の直立投象図を描く．つぎに，水平投象図の各点a, b, c, d……を通り，$r_1$もしくは$r_2$に平行線，直立投象図の各点a'b'c'……を通り，$r_1'$，$r_2'$に平行な平行線を描く．さらに図3·6(a)の場合は，a, b, c……を通る$r_1$との平行線と，GL線の交点，図3·6(b)では，a', b', c'……を通る$r_2'$との平行線と，GL線との交点より，GL線に対してそれぞれ垂線を引き，さらに図3·6(a)では a', b', c'……を通る$r_1'$との平行線との交点，図3·6(b)では，a, b, c……を通る$r_2$との平行線との交点を求め，その交点を結べば，求める立体の斜投象図ができる．

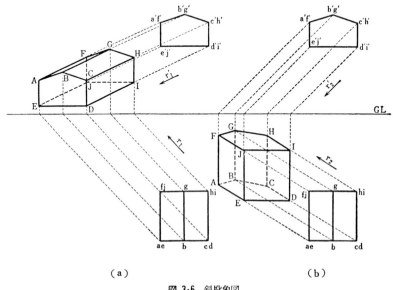

図 3·6 斜投象図

## 3. 軸測投象

軸測投象 (axonometric projection) とは，互いに直交する直線を一つの投象面に表わすもので，そこに投象しようとする立体の高さ，幅，奥行を，それぞれ直交するその直線に準拠して，立体を描く方法である．

この場合，この直交する交点を基点 (axonometric center) とし O で表わし，その直線を主軸 (principal axis) とし，この主軸は，ふつう OA, OB, OC の3軸で表わす．またこの主軸の投象図を軸測軸 (axonometric axis) といい，oa, ob, oc で表わす．

つぎに，この主軸の水平投象面までの延長線をそれぞれ $X_0, Y_0, Z_0$ とすると，この $X_0, Y_0, Z_0$ を結んでできる三角形 $\triangle X_0 Y_0 Z_0$ を，跡三角形 (triangle with trace of plane) といい，2主軸の延長線と投象面との間によって構成される直角三角形 $\triangle OX_0Y_0$, $\triangle OX_0Z_0$, $\triangle OZ_0Y_0$ はいずれも主軸面 (axial plane) という．

なお，実際にこの3軸を使って投象図を描く場合は，この軸測軸上に，目盛をし，その目盛をもとに投象図を描くが，このときの単位長さの尺度を軸測尺 (axonometric scale) と称している．

また，軸測投象では三つの主軸と三つの軸測軸との縮尺比は，互いに関連をもち，

$$\frac{oa}{OA} : \frac{ob}{OB} : \frac{oc}{OC} = \cos\alpha : \cos\beta : \cos\gamma$$

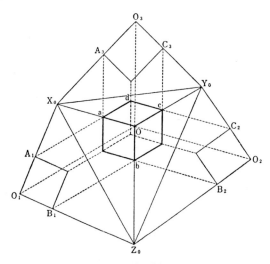

3・7 図　軸測投象

の関係があり，これを軸測比 (constinuous ratio of axonometry) という．

軸測投象は，この軸測比と軸測軸の方向に密接な関係をもつものであるが，そのため軸測比を変えれば，おのずと軸測軸の方向も変わってくることになる．このとき，軸測比が3軸とも等しいときを等測投象 (isometric projection)，2軸が等しいときを二軸投象 (dimetric projection)，3軸とも異なるときを三軸投象 (trimetric projection) という．

(1) **軸測軸の方向が与えられて軸測投象を描く**　軸測軸を適当な長さに決め，跡三角形を作り，その先端をそれぞれ $X_0, Y_0, Z_0$ とし，軸測軸の交点すなわち，基点をOとする．主軸面，いわゆる $\triangle X_0 O_0 Y_0$，$\triangle Y_0 O_0 Z_0$，$\triangle Z_0 O_0 X_0$ の三つの面をそれぞれラバットし，$\triangle X_0 O_1 Y_0$，$\triangle Y_0 O_2 Z_0$，$\triangle Z_0 O_3 X_0$ をつくる．

それぞれのラバット図に，平面図 a b c d，立面図 d b f h，d c g h を描く．

ラバット図に描かれた平面図および側面図をもとの主軸面に起こしてやれば，求める軸測投象が得られる．

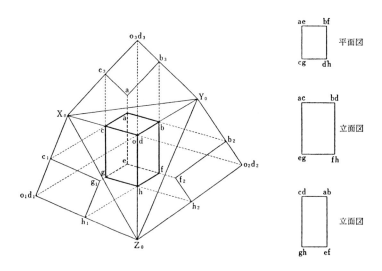

図 3·8　軸測投象の求め方.

(2) **軸測比が与えられて軸測投象を描く**　3軸の軸測比を $l:m:n$ とすると，まず軸測比を記入するための軸測軸の方向を決定する必要がある．そのために，単位

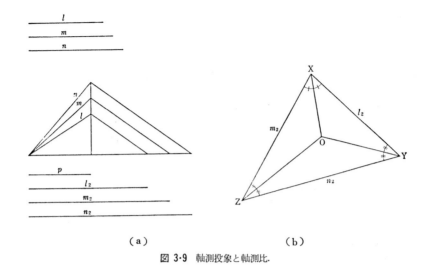

(a)　　　　　　　　(b)
図 3·9　軸測投象と軸測比.

長さを $p$ とし，この $p$ と $l:m:n$ の比より，跡三角形の各辺の長さを求める〔図3·9（a）〕. $l_2:m_2:n_2$ を各辺とする三角形を求め，各頂点をX, Y, Zとする．つぎに，X, Y, Zを頂点とする∠XYZ，∠YXZ，∠XZYからそれぞれ角の2等分線を引き，その交点をOとする．このときの2等分線，OX, OY, OZ は，求める軸測軸となる〔図3·9（b）〕．

さらに，この軸測軸に，$l:m:n$ の軸測比による軸測尺を求め，この尺度によって求めようとする立体を記入すれば，求める軸測投象となる．

### 4. 等測投象と等測図

軸測投象のうち，建築で最も多く利用されているのは等測投象である．これは三つの軸測軸の比 oa:ob:oc の比が1:1:1で等しく，さらに角度がすべて等しいため，軸測投象の中で作図法が最も簡単だからである．

等測投象の作図法は，3軸の投象図をX軸，Y軸，Z軸とすると，その交点とのなす角，いわゆる基点とのなす角∠XOY，∠YOZ，∠ZOY をそれぞれ120°とし，つぎに，求める立体の各辺の長さを，いわゆる主軸に示される長さの $\sqrt{\dfrac{2}{3}}$ 倍の長さにとればよい．

しかし，実際には，主軸に示される長さをいちいち $\sqrt{\dfrac{2}{3}}$ 倍することは，困難な

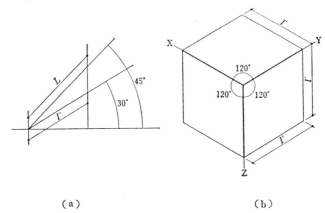

(a) (b)

図 3·10 等測投象の原理.

ので，これを当初から軸測尺として，目盛を作っておくことにする．この軸測尺を等測尺ともいうが，この等測尺の作り方は，図 3·10（a）に示すとおりである．

一方，このように等測尺を用いて作図することは，立体を作図するのに，寸法を

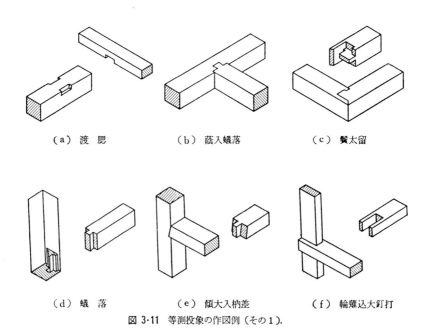

（a）渡腮　　　（b）蔭入蟻落　　　（c）鬢太留

（d）蟻落　　（e）傾大入柄差　　（f）輪薙込大釘打

図 3·11 等測投象の作図例（その 1）.

改める必要があり，作図上制約を受けることになるので，実際の作図では，立体の原図に現われた寸法を原寸のまま作図することが多い．しかしこのように，原寸で作図することは，等測投象の概念から考えると，多少はずれることになるため，このように原寸からそのまま作図する方法を等測投象と区別し，等測図ということもある．

**（1） 立体の等測図を求める** XO, YO, ZO の3軸を，それぞれの角が120°をなすようにとる．OZ軸上に，側面図の高さ $H_1$ をとり，その先端をlとする．l点よりそれぞれOXに平行なる線お

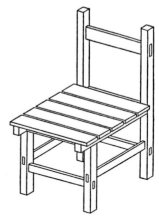

図 3·12 等測投象の作図例（その2）．

よびOYに平行なる線を引き，その長さを $M_1$ および $L_1$ とし，その先端をj, iとする．j点よりOYに平行なる線，i点よりOXに平行なる線を引き，その交点をgとする．ljgiは，求める立体の基盤面の平面図となる．i点より，OZに対して平行線を引きOYとの交点をcとすると，Olicは，求める立体の側面図の一つとなる．j点より，OZに対して平行線を引き，その長さを $H_3$ にとり，その先端をd点とす

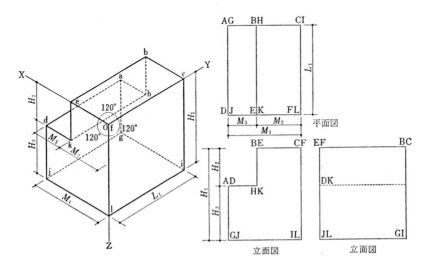

図 3·13 等測投象図

る．d点よりOXに対して平行線を引き，その長さを$M_3$にとり，先端をk点とする．k点よりOZに対して平行線を引き，OXとの交点をeとする．このljdkefは，求める立体の一つの側面図となる．

e点より，OYに対して平行線を引き，その長さを$L_1$とし，その点をbとすると，ebcfは，求める立体の上部平面となる．

d点より，OYに対して平行線を引き，その長さを$L_1$とし，その先端をaとする．a点よりOXに対して平行線を引き，その長さを$M_3$とし，その先端をhとすると，dkhaは，求める立体の上部平面図の一部となる．そして，求めた点a,b,c,d,e,f,g,h,,i,j,k,lを結べば，求める立体の等測図となる（図3・13）．

（2） **円の等測図を求める**　描こうとする円に外接する正方形ABCDの投測図を求め，各辺を分割し1,2,3,4……n,1',2',3'……n'とする．ただし分割線の1'と1, 2'と2……の交点はそれぞれその交点の一つが，必ず円周上の曲線と交わるようにする．この円を主軸面△$X_0OY_0$に移す場合には，軸測軸$OX_0, OY_0$に円に外接する正方形を移し，各軸を平面上の分割線1,2,3……n，1',2',3'……n'と同じよう

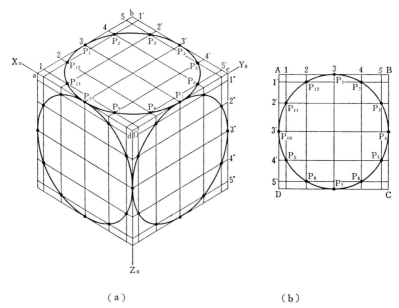

(a)　　　　　　　　　(b)

図3・14　円の等測図.

に分割し,交点 $P_1, P_2, P_3$……を求める.この交点 $P_1, P_2, P_3, P_4$……を曲線で結べば,求める円の等測図が求められる.他の主軸面 $\triangle X_0OZ_0, \triangle Y_0OZ_0$ に等測図を求める場合も主軸面 $\triangle X_0OY_0$ と同じ方法で作図すればよい.

### 3・2 透視投象(透視図法)(perspective projection)

透視投象(perspective projection)とは,第2象限に物体Pを置き,第1象限か

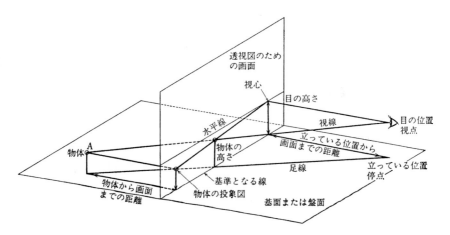

図 3・15 透視図法立体図解(その1)

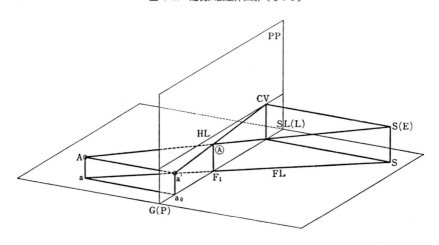

図 3・16 透視図法立体図解(その2)

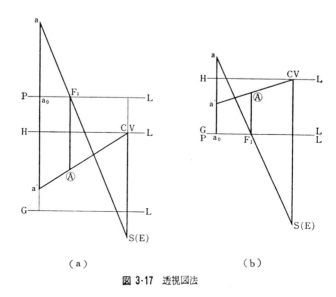

図 3·17 透視図法

ら物体Pを眺めたとき，その直立投象面上に描かれる図形 P′ の作図法ををいい，これを別名透視図法（perspective drawing）ともいう．

そして，このとき物体を眺めた位置を視点（sight point or eye point）といいSで表わす．

また，直立投象面を透視投象では，特に画面（picture plane）とし，その記号はPPで表わす．

これまで学んできた投象法では，投射線がすべて平行であるという仮定のもとに学んできたので，各投象面に現われる投象図は，物体がそのままの大きさと形で現われてきた．しかし透視投象は，視線が放射状となるため視点と物体の距離が離れていれば小さく，近ければ大きく投象される．そして，物体が無限に遠い位置にあれば，ある一点に収斂（れん）してしまい，図で表わすことができないようになってしまう．このように無限遠点において収斂する点を消点（vanishing point）といいVで表わすが，透視投象によっては，視中心（center of vision）または視心（visual center）とし，CVで表わす．またこの視心または消点が画面に表わされる点を通る水平投象面に平行な線を地平線（horizontal line）といいHLで表わす．なお，水平投象面は基面（ground plane）といいGPで表わされるが，実際の図では線だけで

現われるので，これを基線（ground line）とし GL で表わす．

　物体Pを見る場合，見る目の位置を視点としたが，人間がここに立って見ようとすれば，目だけそこにあるものでなく，必ずその位置に足もとがあることになる．そこで，透視投象では，この立っている位置を立点（standing point）または停点（station point）とし，やはりSで表わす．このSは，視点と同じ記号となるが，実際の作図では，同じ位置に描かれるので別に問題はないが，これを区別する意味で，視点を大文字のS，停点を小文字のsで表わすこともある．

　視点と物体を結ぶ線を視線（sight line or visual line）といい，SL で表わし，停点と物体Pの水平投象図を結ぶ線を足線（foot line）といい，FL で表わす．

　透視図法は，前述したように，遠くにある物体は小さく，近くにある物体は大きく見え，その完成図は，実際に人間の目から見た見え方にかなり近い見え方をする．

　このことから，透視図法は，遠近図法または透視画等と称し，絵画の世界でも，イタリア・ルネッサンスの画家であったレオナルド・ダ・ヴィンチ，パオロ・ウッチェロ，ドイツのアルブレヒト・デュラー等数多くの画家によって研究され描かれてきた．この手法で描かれたものとしては，レオナルド・ダ・ヴィンチ作の「最後の晩餐」はあまりにも有名な作品である．

　もちろん，建築の世界でも，実際の見え方に近いことから，建物の完成予想図の製作にはもちろんのこと，設計途中でのスケッチ等にも数多く使われている．

　図3・16は，この透視投象を立体的に説明したものであり，これを平面で表わしたのが，図3・17（a）である．しかし実際の作図では図3・17（a）に示した方法は大きな用紙を必要とするので，同図（b）に示すように作図する．

### 1. 透視図法の分類

（1）**使用図面の違いによる分類**　正投象によって与えられた立体の図から，その透視図を描く図法としては，使用する図面の違い，描き方の難易によって大別すると直接法，三平面法，消点法，距離点法，測点測線法（測点法），介線法等がある．なお，これらの具体的な違いを要約するとつぎのようになる．

　① **直接法（direct method）**……直接法とは，平面図と立面図を用いて視線と視線の交点を求め透視図を描く方法である．図3・18は，点Aを直接法によって求めた透視図である．なお，平面図，立面図のほかに側面図を用いる平面法も，この

直接法の中に含まれる．

② 消点法 (method by vanishing point) …… 消点法は，平面図と高さの数値（立面図にかえることができる）だけで描ける実用的な透視図法であり，その消点の数によって，一点透視，二点透視，三点透視等がある．

③ 測点法 (method by measuring point) …… 測点法は，平面図や立面図を用いないで透視図を描く簡略図法である．

（2） **物体の軸方向の違いによる分類**　上記（1）は使用図面の違いによる透視図法の分類であったが，これらの分類方法とは別に，最も実際的な消点法による透視図法だけを取り上げ，物体の軸方向の違いによって透視図そのものを分類する場合がある．すなわち透視図は，描こうとする物体が画面に対してどのような位置関係にあるかによって形状が異なるが，図法的にはつぎの 3 種に分けて呼ばれている（国分・鈴木共著"建築の設計と製図" 5・4 図参照）．

① 平行透視 (parallel perspective) …… 物体の一側面が画面 (PL) に平行で，かつ底辺が地盤面（基盤面ともいう）に平行な場合．

② 有角透視 (angular perspective) …… 底辺だけが地盤面に平行で，側面は画面に対して傾斜している場合．

③ 斜透視 (oblique perspective) …… 各面がそれぞれ画面に対して傾斜している場合で，斜面上に置かれた物体を描くとき，あるいは物体を下から見上げたり，見下したりするときに用いる．なお，このうち上から見下す斜透視を鳥瞰透視 (bird's eye view) という．

以上のそれぞれの図法については後述するが，これらの図法には，さらに各種の便法（距離点法，介線法など）や視覚による補正の方法（網膜透視図法）などが開発され，実際に多用されている．

**2. 直接法** (direct method)

この図法は，図 3・17，3・18 図に示したように透視投象の基本的かつ直接的な透視図法であるが，紙面上の重複，作図面積の大きさなど，作図上の問題点が多いため実用的な作画法とはいえず，使用されることが少ない．したがって，つぎに概要だけ述べておく．

（1） **直接法（視線法）による透視図法**　直接法とは図 3・19 に示すように，与え

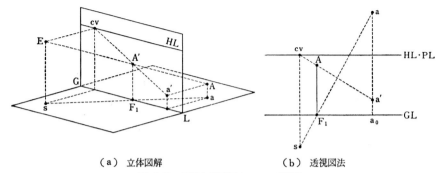

(a) 立体図解　　　　　　　　　　（b) 透視図法
図 3・18　直接法（視線法）による透視図.

られた立体上の諸点を視点に結ぶ視線と，画面の交点を応用して求め，これらの諸点を連結して透視図を描く方法である．

　(2)　**三平面法による透視図法**　三平面法とは図3・20に示すように，画面と別に第3の平面を与え，これに立体の視点および平面図，立面図を与え透視図を描く方法で，理解しやすいことから，古くから利用されている．

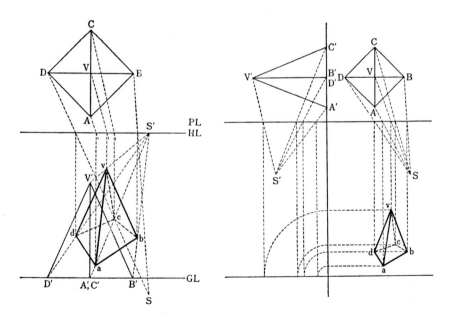

図 3・19　直接法（視線法）による立体の透視図.　　　図 3・20　三平面法による立体の透視図.

## 3. 消点法 (method by vanishing point)

前述の直接法は，透視図法としては基本的なものであるが作画手順がはん雑で，建築の立体表現法としては不適である．したがって実用的な透視図法として，消点法による平行透視，有角透視，斜透視の図法が多用されているが，この図法は特殊な条件設定をせず，各軸方向の透視図上の消点を求めて作図する方法である．

消点法による透視図法には，平行透視，有角透視，斜透視のほかに便法として種々の図法があるが，つぎにそれらの作画手順を述べることにする．

**（1） 平行透視図法** 平行透視図法とは図3・21に示すように物体が水平投象面，直立投象面のそれぞれに平行に置かれ，したがって消点が1消点になる作図法である．この平行透視図では，立体の主要な一面が画面（PL）に接した場合を設定することが多い．それはこの立面の透視図が縮尺の実形(いわゆる立面図そのもの)で表わせるからである．しかし，立面を画面の後方〔図3・21（b）〕または前方〔図3・21（c）〕に置くこともある．そして立体の平面図を画面の後方に置けば実形より小さく，また画面の前方に置けば大きく描き表わすことができる．

この図法は，立面図，断面図，展開図をそのままを利用して透視図を描くことができるので，図3・22，図3・23に例示したように，建築では多用されている．

〔地盤面上の作図手順〕

① 平面図と平行に画面PLを引き，その真下にPL線より適宜に離れた距離に立点Sを定める．

② S点と平面図の各点（A, B, C, D……）を結ぶ直線（足線）を引き，PLとの各交点（a′, b′, c′, d′……）を求め，その各点より垂線を引く．

〔画面上の作図手順〕

① PLに平行に地盤線GLを定め，GL線より上にHL線を平行に引く．ただし，HL線は目の高さ（h）と同じ程度にとることが多い．

② GL上に描き上げる透視図と重ならない位置に立面図を置く．

③ S点よりHL線に垂線を引きHLとの交点CV（視中心）を求める．

④ 立面図よりGLに対して平行線を引き，A, B各点より降ろした垂線との交点a, bを求める．

⑤ このa, b各交点とCVを結び，a′, b′, c′, d′……点よりの垂線との交点a, b,

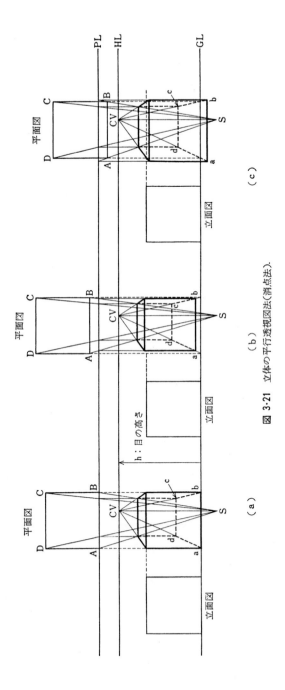

図 3·21 立体の平行透視図法(消点法).

3章 単面投象

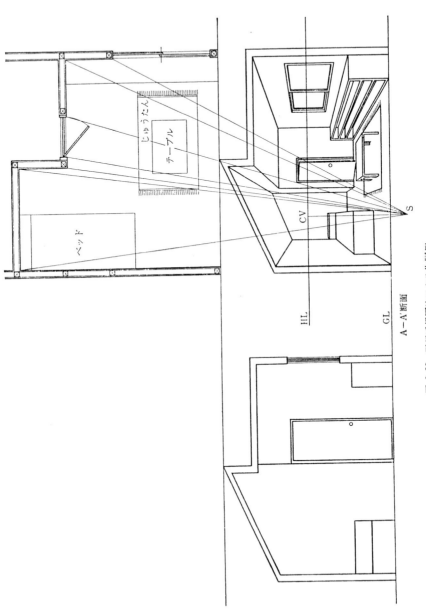

図 3·22 平行透視図法による作図例.

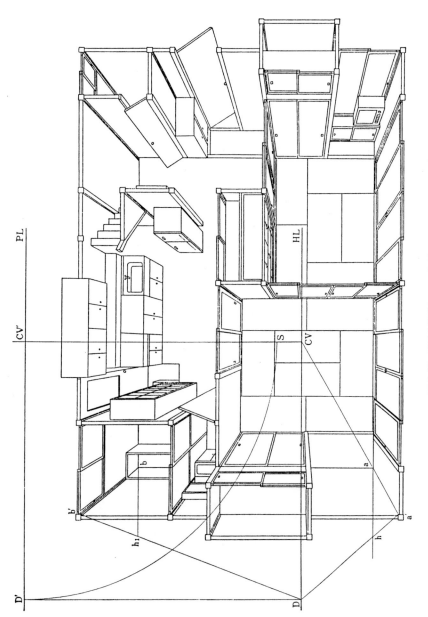

図 3·23 平行透視図法による作図例.

c, d を求める．このようにして求めた点を結んで描かれたのが立体 A, B, C, D……の透視図である．

(2) **有角透視図法**（2消点による図法） 有角透視図法とは立体の平面図が画面 PL に対して，有角に置かれている場合の透視図をいい，辺 AB 方向，辺 AD 方向のそれぞれの消点 $V_1, V_2$ を求めて作図される．立体の画面に対する角度は，自由な向きに想定することができるが，通常，三角定規の使いやす 30°，45°，60° が用いられることが多い．図 3·24 は有角透視図法を示したもので，地盤面上の作図，画面上の作図を各々の手順に分けて示す．

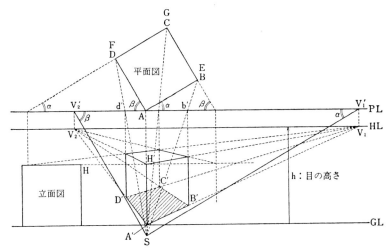

図 3·24 有角透視図法（消点法）

〔**地盤面上の作図手順**〕

① 画面 PL に有角 $(\alpha, \beta)$ に平面図をおき，その真下に PL より適宜に離れた距離に立点 S を定める．

② S 点から平面図の PL に対する角度 $\alpha, \beta$ に合わせてそれぞれの平行線を引き PL と交わる各点 $V_1', V_2'$ を求める．

③ S 点と平面図の各点 (A, B, C, D) とを結ぶ直線（足線）を引き，PL との交点 $a', b', c', d'$ を求め，その各点より GL に向かって垂線を引く．

〔**画面上の作図手順**〕

① PLに平行に地盤線GLを定め，PLとGLの間にHLを平行に引く．透視図と重ならない位置に立面図をおく．

② $V_1'$, $V_2'$ 各点から垂線を降ろし，HLとの交点 $V_1$, $V_2$ を求める．この $V_1$, $V_2$ は透視図上の立体のA-B, D-C方向，A-D, B-C方向の各々の消点となる．

③ PL上の $a'$ 点からの垂線 $a'$-$A'$ と，立面図のH点からGLに平行に引いた直線との交点 $H'$ を求める．

④ $A'$, $H'$ 点から $V_1$, $V_2$ に直線を引く．続いてPL線上の $b'$, $d'$ 点から垂線を降ろし，その交点 $B'$, $D'$, $E'$, $F'$ を求める．つぎに $B'$, $F'$ から $V_2$ へ，また $D'$, $E'$ から $V_1$ へ直線を引き，$c'$ からの垂線との交点 $C'$, $G'$ を求める．

⑤ このようにして求めた点 $A'$, $B'$……$G'$, $H'$ を結んで描かれたものが，立体A, B……G, Hの透視図である．

〔作図上の注意事項〕

① 上記，地盤面上の作図と画面上の作図が同一面上に描かれるが，その相互の位置関係は，描き上げられる透視図の位置を考慮して定める．なお，見下しの場合はHLとPLが同一線で兼用される（図3・25）．

② 平面図でPL線に接している部分は，透視図では立面図の実長となる．したがって作図上PL線より手前になった部分は，立面図の実長よりも大きくなり，PL線より後方の部分は小さくなる．したがって透視図を大きく描いたり小さく描いたりする場合，PL線に対する平面図の位置を操作するとよい．

③ 平面図がPL線に接しない場合は，各軸方向（A-BまたはA-D）の延長線とPLとの各交点から垂線を降ろし，立面図の高さの水平線との交点を求め，上記の④と同様に透視図を求めることができる．

④ 透視図の遠近感（望遠から超広角までの姿図）は，PL線と視点Sとの離れにより定まる．必ずしも平面図と視点Sとの離れによるものではない．

⑤ PLに対する平面図の角度は，30°～60°が多く，微小な角度は用いない方がよい．

⑥ PLに対するSの位置は，想定したSの位置よりさらに1.55倍ぐらい離れた位置に設けた方が，より実感に近い透視図が描ける．

⑦ 平面図の真下に視点Sを置かないと，左右の奥行感が異なって見え，透視図

にひずみを生ずることになる.

⑧ 視点SがPL線に近すぎたり,軸方向線(A-B,A-Dの延長線)の後方に置いたりすると,作図は可能であっても現実の視覚による姿図としてはあり得ない形となる.

⑨ 以上に示した作図法は,2消点によったものであるが,図3・25に例示するように,必要に応じ補助消点を利用し,3消点による有角透視図法を描くこともある.

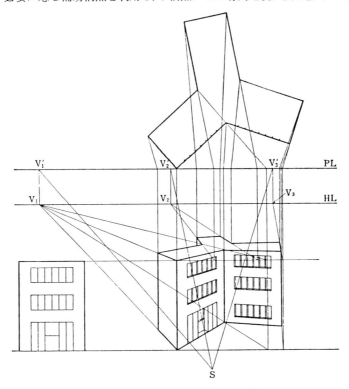

図 3・25 補助消点を利用した透視図の作図例.

**[PL線とHL線が同一線上にあり,かつ平面図,立面図およびS点が与えられたときの透視図を描く]**(図3・26)

PL線とHL線が同一線上にあり,かつS点が与えられたときの透視図の描き方を示すとおよそつぎのようになる.

(1) S点より,与えられた平面図に対して平行線を描き,その平行線と,PL線

との交点を $V_1$ 点, $V_2$ 点とする.

この $V_1$ 点, $V_2$ 点は, それぞれ, この透視図の消点となる.

（2） 平面図の各点より, S点に対して foot line を引き, PL 線との交点 foot point を求める.

（3） 各 foot point から, GL 線に対して垂線を降ろす. この垂線は, いずれも, 求める透視図の縦方向の線の始点となる. またこの垂線のうち, 特に平面図が PL 線と交叉する点については, それぞれ実長を表わすことになる.

（4） （3）で説明したように, 平面図と PL 線が交叉する点は, それぞれ実長を表わすことになるので, この各点より GL 線に対して垂線を降ろした線上に立面図で高さを表わす各点から, GL 線に対して平行線を引き, この平行線と, 先に示した垂線との交点を求める.

（5） （4）で求めた交点と, $V_1$ 点, $V_2$ 点を結べば, この線はそれぞれ求める透視図の線となる.

〔平面図, 立面図, **PL** 線, **HL** 線, S 点が与えられて透視図を描く（その1）〕（図 3・27）

透視図の描き方は, 図 3・26 とまったく同じであるが, この場合は, PL 線と HL 線が切り離されている. ここでは, HL 線がおよそ人間の目の高さにとってある.

一般的に, 単体の建築物の透視図を描く場合は, このように HL 線をおよそ目の高さにして描くことが多く, HL 線を PL 線と同一線上に設ける場合は建築物が集合している場合の俯瞰図として利用することが多い.

この透視図を描く場合は, まず S 点より, 平面図の各線に対して平行線を引き, PL 線との交点を求める. この交点を $V_1'$ 点, $V_2'$ 点とし, $V_1'$ 点, $V_2'$ 点のそれぞれより HL 線に垂線を降ろし, その交点を $V_1$ 点, $V_2$ 点とする. この $V_1$ 点, $V_2$ 点が求める透視図の消点となるので, これ以下の描き方は, 図 3・26 と同じ方法でよい.

〔平面図, 立面図, **PL** 線, **HL** 線, S 点が与えられて透視図を描く（その2）〕（図 3・28）

この作図法は, 紙面の都合等で, $V_1$ 点は求められるが, $V_2$ 点が求められない場合に利用する方法である. そのため, すべての線を, $V_1$ 点に収斂するようにして求めるが, この場合もし, 実長が不明瞭の場合は, 補助線を利用し, その補助線から,

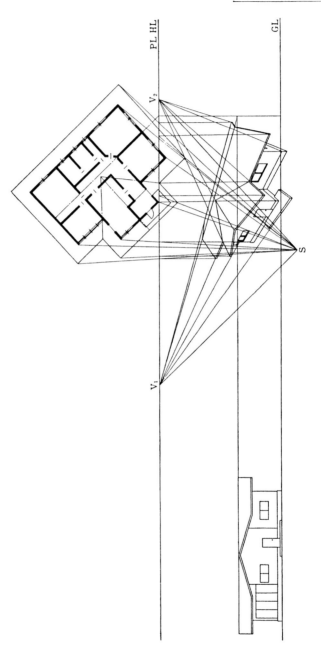

図 3・26 PL 線と HL 線が同一線上にあり，かつ平面図，立面図および S 点が与えられたときの透視図を描いた例．

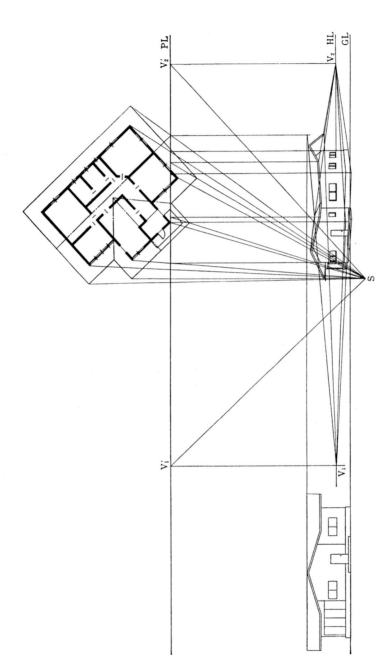

図 3・27 平面図, 立面図, PL線, HL線, S点が与えられて透視図を描いた例(その1).

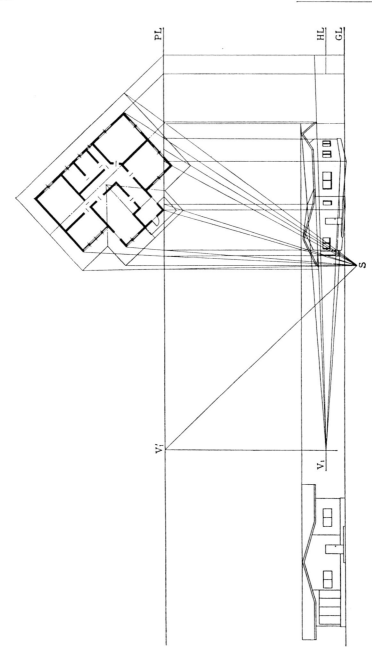

図 3・28 平面図, 立面図, PL線, HL線, S点が与えられて透視図を描いた例 (その 2).

実長を求めるようにするが，そのほかの部分については，(図3・26)とまったく同じ方法でよい．

**（3）鳥瞰図法**（bird's eye view）　建物全体を上から見下した透視図を描こうとするとき，ふつう簡略した垂直線は地面に垂直に描くことが多い．しかし，実際の見え方に近くするためには遠近図法的な描き方が必要となり，垂直方向に消点を有する三消点透視図法が用いられる．また，逆に建物全体を見上げる場合も同様の図法を用いれば上方がつぼんで見える虫眼図法を用いる．しかし実際の建築の透視図では見上げの場合，垂直線は地面に対して垂直に描き，三消点法を用いることは数少ない．

三消点透視図法には，実用される各種の図法があるが，ここでは比較的多用されている測点法による図法の作図を示しておく．

〔作図手順〕(図3・29参照)

設定条件として，平面の画面に対する角度 $\alpha, \beta$（互いに直交する），見下す角度 $\theta$ とする．先ず左右の奥行の消点 $V_1, V_2$，

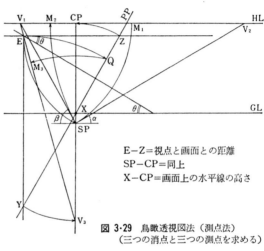

E−Z＝視点と画面との距離
SP−CP＝同上
X−CP＝画面上の水平線の高さ

図 3・29　鳥瞰透視図法（測点法）
（三つの消点と三つの測点を求める）

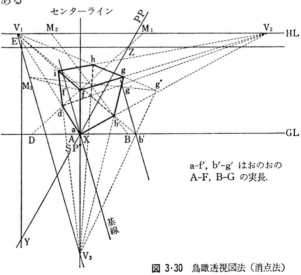

a-f′, b′-g′ はおのおの
A-F, B-G の実長．

図 3・30　鳥瞰透視図法（消点法）

垂直方向の消点 $V_3$ の三つの消点を求める（図3・29）．
① SP（立点）を通る垂線①（センターライン）を引き，GL との交点を X とする．
② 視点 E から見下しの角度 $\theta$ で直線②を引く．
③ 直線②と直角に X 点を通る直線③（画面 PP）を引く．
④ E 点から水平線を引き PP との交点（心点）を Z 点とする．
⑤ E 点から垂線を引き PP との交点（垂直方向の消点）Y を求める．
⑥ X 点を円心として Z 点をセンターラインに移して CP 点を求め，CP を通る水平線を引くとこの水平線は画面上の HL 線となる．
⑦ X 点を円心として Y 点をセンターラインに移し $V_3$ を求める．この $V_3$ 点は垂直線上の消点の一つである．
⑧ Z 点を円心として E 点をセンターラインに移し SP（立点）を求める．
⑨ SP より平面の左右の有角 $(\alpha, \beta)$ による二つの消点 $V_1, V_2$ を求める．
⑩ $V_1, V_2$ を円心として SP 点を HL 上に移し，水平方向の二つの測点 $M_1, M_2$ を求める．

⑪ Y を中心とし，YE を半径とする円弧を描き，Q 点を求め，つぎに $V_3$ を中心とし $V_3Q$ を半径とする円を描き $M_3$ を求める．

以後，測点法による透視図法の手順で作図する（図3・30 参照）．

⑫ GL 上に基点 A を定め（設定条件により X 点と重なる），A 点から基線上の左右に左右各辺の実長をとり B, D 点を求める．

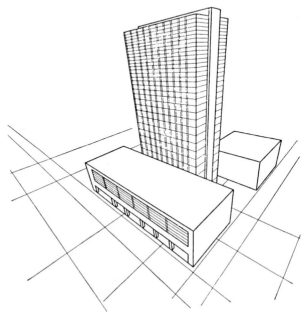

図 3・31　鳥瞰透視図法による作図例．

⑬ A点より各消点 $V_1, V_2$ に直線を引き，B, D点から各測点 $M_2, M_1$ に直線を引く．この両直線の交点が求める透視図 b, d 点である．

⑭ 直線 $V_1V_3$ に平行に，A点を通る基線を引く．

⑮ A点を基点として基線上に実長を求めた点 f′ と，$M_3$ とを結んだ直線と，垂直線の消点を結ぶ直線との交点 f が求める垂直線の透視図である．

⑯ この手順をくり返し，求めた点を結ぶと鳥瞰図ができる．

（4） **斜透視図法** ほとんどの透視図は，地盤面（または画面）に対して水平かつ垂直な面からなる立体の作図であるが，斜透視は地盤面（または画面）に対してある角度をなす面を含んだ立体の透視図である．つぎにこの図法の作図手順を述べる．

（**a**） **画面に平行で地盤面とある角度をなす面の斜透視**（図 3・32 参照）

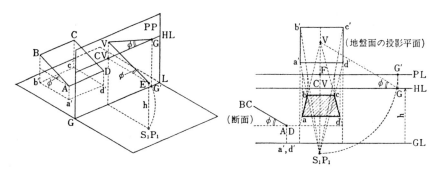

（a） 斜透視立体図解　　　　　（b） 斜透視図法
図 3・32　画面に平行で地盤面とある角度をなす面の斜透視．

〔作図手順〕

① F点を中心として $S_1$ 点までの距離の半径を描き，PLとの交点 G′ の垂線と HL との交点 G（測点）を求める．

② G点より地盤面との傾斜角 $\phi$ で，$S_1$ 点の垂線に向かって直線を引き，その交点 V（傾斜面 a′b′c′d′ の透視図上の消点）を求める．

③ 辺 a′d′ の透視図 ad を足線により求め，a, d 各点より傾斜面の消点 Vに線を引き，b′c′ の足線と PL との交点より垂線を引き，その交点 b, c を求める．

④ a b c d が傾斜面 a′b′c′d′ の透視図である．

(**b**) 画面および地盤面の両面に角度をなす平面の斜透視（図3・33参照）

〔作図手順〕

① $V_1$（傾斜面の角度を有する軸方向の消点）の垂線とPLとの交点Fを中心としてS点までの距離の半径を描き，PLとの交点G'より垂線を引き，HLとの交点G（測点）を求める．

② G点より傾斜面の角度$\phi$で$V_1$の垂線に向かって直線を引き，交点V（傾斜面の透視図上の消点）を求める．

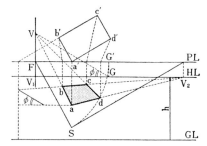

図 3・33　画面および地盤面の両面に角度をなす平面の斜透視．

③ その後の作図手順は，消点法による有角透視図法と同様である．傾斜面の角度を有する面の軸方向の消点が，$V_1$からVに変わるだけである．

（**5**）**反映透視図法**（reflection in perspective projection）　池や湖畔のそばにある建物，あるいは室内の壁面に鏡がある場合などの透視図は，水面または鏡に反映する虚像（virtual image）が現われる．ここではその虚像透視図を描く反映透視図法を具体例に即して図解してみる．

（**a**）**鏡面（垂直面）に反映する場合**〔図3・34参照（a）〕　被写体，棒Aから鏡面（MN）までと，鏡の後方の棒の虚像A'の位置までの距離を互いに等しくとって上

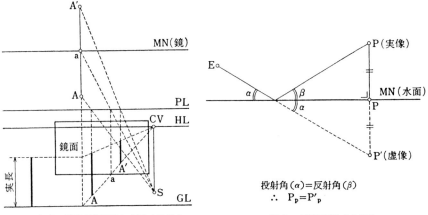

（a）鏡面（垂直面）に反映する場合．　　　　（b）水面に反映する場合．

図 3・34　反映透視図法

方平面図に描き入れる．それぞれの点 A, A′ に立点 S より足線を引き，画面 PP との交点よりそれぞれ垂線を引き，視中心 CV と棒の高さを結ぶ目線との交点を求めれば，それぞれの透視図が描ける．

　（**b**）　**水面（水平面）に反映する場合**　　視点 E より実像 P の水面に反映する視線は，投射角と反射角を等しくするので，水面（MN）より P 点までの距離と等しく，水面下に虚像 P′ 点を定め，E 点を結ぶ．作図は，水面上よりの高さと等しく水面下に虚像の位置を定めその透視図を描くと水面に反映する姿となる．なお，図 3·35 はその作図法を示したもので，図 3·36 はこの方法による作図例である．

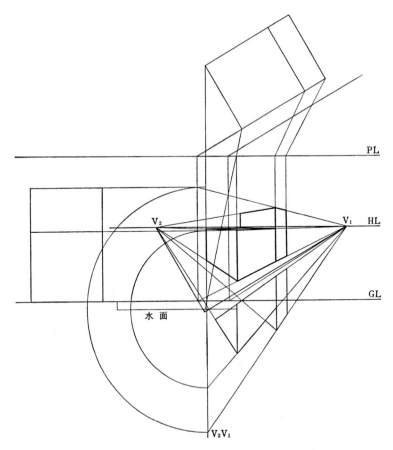

図 3·35　反映透視図法（水面に反映する立体の透視図）

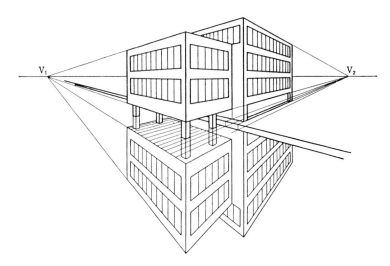

図 3·36 反映透視図法（水平）の作図例.

（6） **陰影透視図法** ここでは，各種の立体図形に生ずる陰影についての説明は省略し，実際に応用される建築造形への陰影の作図法について，図解，作図手順，作画上の留意点を要約して述べることにする.

透視図に描き入れる陰影は，立体的な表現をさらに強調するために付加するのが主目的である．したがって，とくに自然の光線状態（方位，角度など）にこだわる必要はない．

陰影とは，物体に光が照射された場合，光の当たらない面を陰（shade）といい，地面，その他の面に投ずる物体の映像を影（shadow）という．そして，この陰影を与える光源としては，作図上，1点光源（有限距離の光源）の場合と平行光源（無限距離の光源）の場合に分けられることは前述のとおりである．

ここでは，それぞれの陰影透視図法について要点を述べることにする．

（**a**） **1点光源光線による陰影透視図法** 一般に室内透視図では電灯光線による陰影を描くことが多い．その作図手順は簡明で，まず，図 3·37 に示すように電灯の位置（光源R）を設定し，その光源の床面上および天井面上の位置を求めて，それぞれを $r_1, r_2$ とする．この $r_1, r_2$ は水平面上の影の焦点となる．

この $r_1, r_2$ を基点として，四散する水平および垂直面上の各線に光源Rからの光

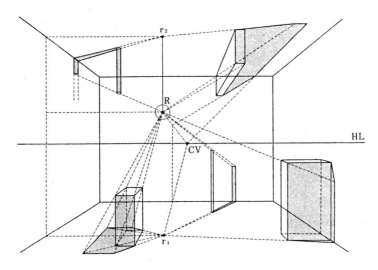

図 3・37　1 点光源による陰影透視図法.

線を物体の輪郭に投じ，そのおのおのの交点を結ぶと，すべての陰影の輪郭が定められる．

（b）**平行光線による陰影透視図法**　外観透視図に陰影を画き入れる場合，太陽を無限の距離にある光源（R）と想定し，平行光線が物体を照射すると設定して作図する．物体に対する光源の位置〔画面 PP に対する光線方向 $\varphi$（方位角または水平角 azlmuth angle），光線角度 $\theta$（高度角 altitude angle）〕によって，側光，逆光，背光に分けられ，つぎに各々の図法を述べる．

（i）**側光の場合**　側光による陰影は，光線の方向（方位角 $\varphi$）が透視図の画面 PP と平行であるので，図上に光源，影の方向の焦点（R, r）を求める必要がなく，光線角度 $\theta$ ですべての陰影が定まる簡明な図法であるため多用されている．とくに有角透視図である場合は，建物が画面 PP に対して有角であるので，陰影の描き入れも側光で充分である場合が多い．なお陰の部分は，光線方向が定まれば自明であるから，つぎに影の作図法を述べる（図 3・39 参照）．

① 左右いずれかの光線方向（$\varphi=0°$）を選定する（主要面に光線を当てること）．
② 建物に見合った光線角度（$\theta$）を選定する（通常，30°，45°，60° を用いること

128　　　　　　　　　　　　　　　　　　　　　　　　3 章　単 面 投 象

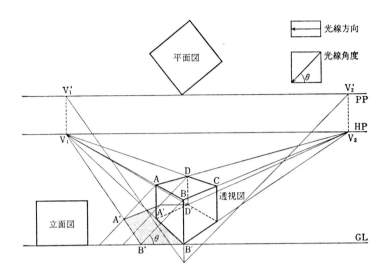

図 3·38　側光による陰影.

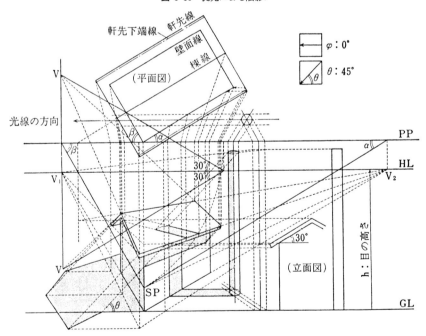

図 3·39　側光による陰影の作図例.

が多い).

③ 物体の頂点Aから垂線を降ろし,地盤面の位置A′を求める.
④ A′から光線方向に平行な直線を引く.
⑤ 物体のA点から光線角度$\theta$に平行な直線を引き,光線方向に平行な直線との交点A″を求める.
⑥ 同様の方法により,B,C点の影を求め,これを結ぶと物体の影の輪郭が得られる.

**(ii) 背光線の場合** 図3・40(a)は,背光線による陰影の図解を示したものである.視点Eを通る光線は地面を貫き,Rの位置で画面に交わる.したがって光線が背後からくるときは,Rは地平線の下方にできる.水平,垂直両面の投影は図示のとおりとなり,水平角,高度角は地面に現われる.つぎに,この立体図解を基本として作図の手順を述べる.

〔作図手順〕
① Sから光線方向に平行な直線をPPに向けて引き,その交点Pを求める.
② Pから垂線を降ろし,HLとの交点rを求める.rは物体の垂直方向(高さ方向)の影の焦点となる.すなわち物体のAの影は,rとA′を結ぶ直線の延長線上にあることになる.
③ Pを中心にして半径PSの円弧を描き,PPとの交点Qを求め,さらにQから垂線を降ろしてHLとの交点Tを求める.
④ Tから光線角度$\theta$に平行な直線を上方に向けて引き,垂線Prの延長線との交点Rを求める.Rは物体の水平方向の影の焦点となる.すなわちRとAとを直線で結び,その延長線とr-A′の延長線との交点A″(Aの影)を求める.
⑤ 同様の方法により物体の各点の影の位置を求め,これを結べばよい.

〔作図上の留意点〕
① 元図である透視図を正確に仕上げること.
② 視点より陰となる部分の輪郭を透過して描いておくこと.
③ 平面図上に補助線を引き光線の行方を追うと理解しやすい.
④ 一光線の通過する各点が一直線上にある部分を探し確認する.
⑤ 平面図の画面PPに対する角度と光線の方位角$\varphi$を同一としてはならない.

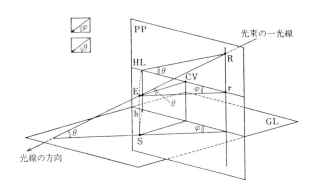

（a） 背光線による陰影の図解.

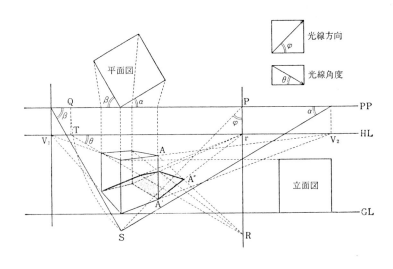

（b）
図 3·40 背光線による陰影.

⑥ 方位角，高度角共30°，45°，60° が使われることが多い．

⑦ 建物に見合った影を先に描き入れ，後に R, r を求めて作図することも可である．

なお，作図に当たっては，下記の事項を充分に配慮するとよい．

ⓐ　陰影は，各面の明るさの対比，また相互の影響により，濃淡の表現が一様ではなくなる．通常，影の輪郭は，内部よりかなり濃くなる．とくに地盤面上の輪郭は強い．
　ⓑ　陰部分よりも影部分の方が濃い．
　ⓒ　天空光の影響により，軒下の陰の部分は明るい．
　ⓓ　建物が線描であると，陰影も密度の高い線によって表現することが多い．
　ⓔ　自然の状態の太陽方位，角度にこだわることはない．北側に光線を当てて描くこともある．
　(iii)　**逆光線の場合**　主要面が陰となるので，逆光による陰影を描くことは少ないが，一応説明しておく．逆光，背光による陰影を描き入れるには，提示された透視図内に，設定した光線の方位角 $\varphi$，高度角 $\theta$ にもとづく光源および影の焦点 (R, r) の位置を求めなければならない．その立体図解および図法をつぎに述べる．

　〔**立体図解**〕図3・41参照
　画面の後方からくる光束の視点Eを通る一光線を定め（設定された方位角 $\varphi$，高度角 $\theta$ にもとづく），画面PPとの交点をRとする．このRが透視図上の光線の発する焦点（光源）となる．Rの地平線HL上の投影をrとする．rEは平行光線REの水平面上の投影に平行．したがってrは水平面上の投影の消点となる．つぎにRS′(cV)は光線の画面（垂直面）上の投影であるため，平行光線はRを消点とすることになる．

　図3・41(a)は，その立体図解を示したものである．画面PP上に透視図としてのRを求めるためには，$\theta$ の実角が画面に現われていないので，r点を通る垂直線を軸として，光線を $\varphi$ だけ画面に向けて回転させると，画面上にREの実長，実角が表わされるのでR点が求められる．

　これを基本として，つぎに作図の手順を述べる．

　〔**作図手順**〕
　①　Sから光線方向に平行な直線をPPに向けて引き，その交点Pを求める．
　②　Pから垂線を降ろしHLとの交点rを求める．地面に落ちる影のうち，物体の垂直方向（高さ方向）の影は，すべてrを焦点として描かれる．すなわち物体のA点は，rとA′とを結ぶ線上にあることになる．

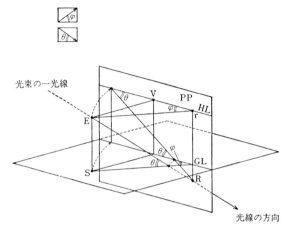

(a) 逆光による陰影の図解.

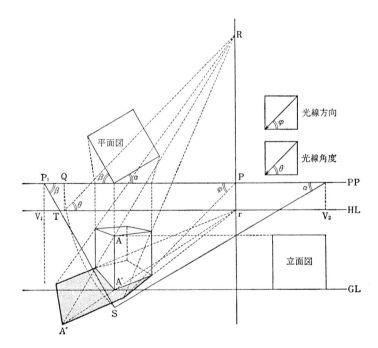

(b) 逆光による陰影.

図 3·41

③ Pを中心にして半径PSの円弧を描きPPとの交点Qを求め，さらにQから垂線を降ろしてHLとの交点Tを求める．

④ Tから光線角度θに平行な直線を下方に向けて引き，その交点Rを求める．地面に落ちる影のうち，物体の水平方向の影は，すべてRを焦点として描かれる．すなわちRとAとを直線で結び，r-A′線との交点A″(Aの影)を求める．

⑤ 同様の方法により物体の各点の影の位置を求め，これを結べばよい．

**4. 測点法** (method by measuring point)

消点(V)の垂線と画面(PP)との交点を中心として，立点(S)までの距離を半径として円を描き，PPとの交点から垂線を引きHLとの交点を測点(M : measuring point)という．測点法による透視図は簡便法であり，実用に便利な方法である．通常，平面を直接画面に描かず，またPP, HLを一線として兼用する．なお，図3・43〜図3・45は測点法による作図例を示したものである．

〔作図手順〕図3・42参照

① S点からPP, HLに対する垂線とGLとの交点に立方体の一角があるとしてa点を定める．

② a点の左右に一角をはさむそれぞれの辺の実長A-B, A-DをとりB′, D′点を求める．

③ $V_1$, $V_2$の測点$M_1$, $M_2$を求める．

④ $M_1$-B′, a-$V_1$との交点b, $M_2$-D′, a-$V_2$との交点dを求める．

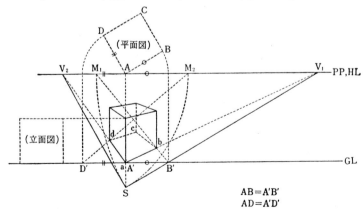

図 3・42 測点法透視図法

3章 単面投象

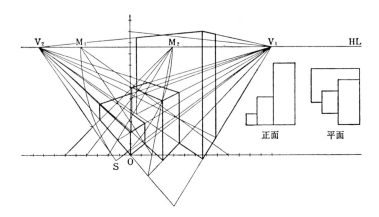

図 3·43 測点法による透視図の作図例（その1）.

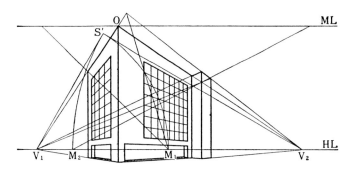

図 3·44 測点法による透視図の作図例（その2）.

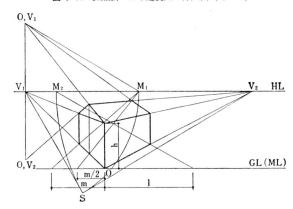

図 3·45 測点法による透視図の作図例（その3）.

⑤ $b-V_2$, $d-V_1$ との交点 c を求める．a b c d が方形面 ABCD の底辺の透視図である．

⑥ 高さは a 点より実長をとり，立方体の作図をする．

## 5. 距離点法

距離点法は，透視図法の設定条件のうちに特別な条件を与え，その条件が根拠となり，作図手順を簡略化させる便法の一つとして多用されている．

すなわち，画面に垂直な直線〔垂直線（perpendicular）という〕を引き，その消点は視心に一致させる．　また地盤面に平行で画面と 45°をなす直線〔対角線（diagonal）という〕を引く（図 3・46 参照）．

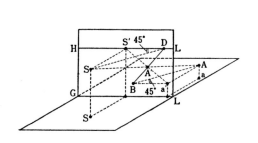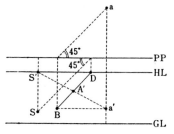

（a） 距離点法の図解．　　　　　　（b） 距離点法による透視図．

図 3・46

与えられた点 A の平面図を a，立面図を a′，A を通る垂直線は a′A，その全透視図（total perspective）は線分 a′S′ である．また A を通る対角線を引き，その始点（initial point）を B とすると，対角線 AB の消点 D は地平線上にあって，s′S＝s′D なる点 D である．この D が距離点である．対角線 AB の全透視図は線分 BD である．このようにして点 A の透視図 A′ は a′s′ と BD との交点として求めることができる（図 3・46 参照）．

## 6. 介線法

一般に有角透視の位置におかれた立方体の基面と 45°の傾角をなす対角線の全透視図を介線といい，直方体の透視図を描く場合に，これを利用すれば便利である．距離点，介線は測点法の特殊なものになるが，特殊化された画法が場合によっては便利な方法となる．

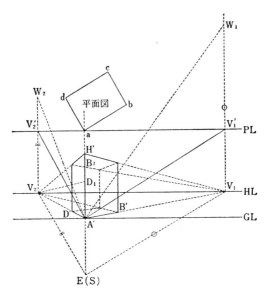

$EV_1=V_1W_1$, $V_1W_1\perp HL$, $EV_2=V_2W_2$, $V_2W_2\perp HL$
図 3・47　介線法透視図法

〔作図手順〕図 3・47 参照

① 立点Sおよび点Aの透視図原点 A' を定める．A' より ab, ad に平行線を引き，PL 線との交点 $V_1'$, $V_2'$ とし，$V_1'$, $V_2'$ より垂線を降ろし HL との交点を $V_1$, $V_2$ とする．

② $EV_1=V_1W_1$, $V_1W_1\perp HL$, $EV_2=V_2W_2$, $V_2W_2\perp HL$ として $W_1$, $W_2$ を求め，介線 $A'W_1$, $A'W_2$ を定める．

③ A' を通り基線に垂直な直線を測線として，測線上に与えられた立体の高さに等しく AH をとり H' を定め，H' を $V_1$, $V_2$ のそれぞれに結ぶ．

④ 平面図の ab, ad にそれぞれ等しく測線上に $A'B_1$, $A'D_1$ をとり，各点を $V_1$, $V_2$ に結ぶ．これらの介線との交点より基線に垂線を引いて，点 B', D' を求める．

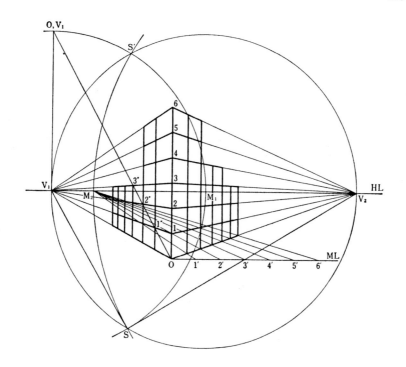

図 3·48 媒介線による透視図の作図例.

## 7. 網膜透視図法

　視角（建物の両端を結ぶ視線の角度）が狭い場合，前述の各種の作図法による透視図は充分な実用価値をもつものであるが，その視角が約 40° 以上広くなると，視覚に感ずるものにくらべて左右に寄るにしたがって歪を生ずる．この歪の原因は，画面 PP を平面としていることに起因する．本来は網膜に相応する球面でなければならないはずである．

　この歪を極力補正して，いっそう合理的な網膜透視図法が創案された．この原理は視点と物体との間に，平面的な画面 PP ではなく円弧を仮設し作図するものである．しかし，この画法でも網膜球面上の像を平面上に描き表わさなければならない根本的な無理は解決できないが，そのため作図的には技術的手段を併用せねばならない．画法は比較的簡単であるが現在では一般化されておらず，今後の実用化が望まれる．

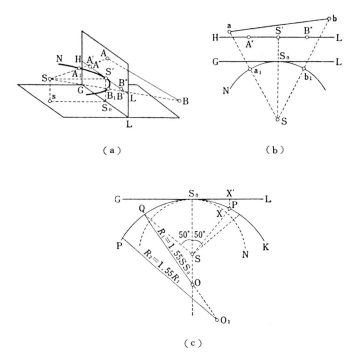

(a) (b) (c)

図 3·49 網膜投象曲線の仮説.

**(1) 網膜投象曲線の仮説** 〔図 3·49 ( a ), ( b ), ( c ) 参照〕

① 図 3·49 ( a ), ( b ) に示すように,視点 S を線分 AB の両端を結ぶ視線 SA,SB と,画面との交点 A′, B′ を結ぶ線 A′B′ は,従来の透視図に示した AB の透視図である. S を含む水平面内で S を中心とし,S′S を半径とする円弧 N を作り,両視線と N との交点を $A_1, B_1$ とし,$\widehat{S'A_1} = S'A''$, $\widehat{S'B_1} = S'B''$ となる点 $A''$, $B''$ を HL 上に定めるとき,線分 $A''B''$ を AB の網膜透視図とする. この方法による作図は面倒なので,複雑な立体の透視図法には実行しにくい,その作図を簡易化するために,つぎの曲線を介入させる.

② 図 3·49 ( c ) に示すように,円弧および画面上にそれぞれ点 X, X′ をとり,$\widehat{S_0X} = S_0X' = l$ とし,SX の延長と X′ において GL に立てた垂線との交点を P とすれば,$l$ の長さが変化すれば P は一つの曲線 PK 上を移動することになる. この曲線 PK を投象曲線(projection curve)といい,これをさきに求めて,以後は円弧 N

を直接使わないで，Sを中心とする視線と投象曲線との交点よりGLに垂線を立て
て，円弧上の弧の長さ $S_0X$ を画面上 $S_0X'$ に移す．

③ 投象曲線を正確に描くのは複雑なため，実際の作図では次の円弧で代用する．
すなわち，Sを中心とし，視角100°以内では $S_0S$ の延長線上に中心Oをもち，半
径 $R_1=1.55\overline{SS_0}$ の円弧を使い，100°から180°の範囲では，QOの延長線上に中心
$O_1$ をもち，半径 $R_2=1.55R_1$ の円弧を使う．

**（2） 立方体の網膜透視図法**　つぎに作図手順を示す（図3・50参照）．

① 立点Sを決める．立体の最も外側の稜に接する視線の平面図 $Sb, Sd$ を引き，
視角 $\alpha$ を決める．$\alpha$ を2等分し，S'を視心として，それに垂直な直線を引いて地平
線HLとする．

② Oを中心とし，$SS_0$ の1.55倍の半径の円弧を描いて，投象曲線PKを求め
る．

③ 視線 $Sa, Sb, Sd$ とPKとの交点よりHLに垂線を引く．

④ 視点Sの側面図をS″とし，$S''S_1$ の1.55倍を半径として投象曲線PKを引く．

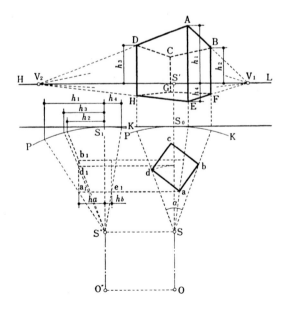

図 3・50　立方体の網膜透視図法.

⑤ 平面図 $Sa, Sb, Sd$ の長さにそれぞれ等しく $S''$ より $S''S_1$ 上にとり,また HL 上の高さ $ha$,下の高さ $hb$ をとって $a_1, b_1, d_1, e_1$ を定める.

⑥ $S''a_1, S''b_1, S''d_1$ および $S''e_1$ を延長して PK と交わらせ,$h_1, h_2, h_3$ および $h_4$ を決めて,これを透視図における稜の高さとする.そしてこの長さを上記の③によって求めた垂線上に HL から測り,それぞれ A, B, D, E を定める.

⑦ AB および AD の延長と HL との交点を $V_1, V_2$ とし,これを横の稜の消点として他の点 C, F, G, H を決める.これで求める透視図が得られる.

# 4章　コンピューターによる図形処理

　コンピューターは，従来，デジタル化された数値計算を得意とすることから，建築の分野においても，計算を主体とした部署での活用が多くを占めていた．その意味で構造計算などは得意とするものであり，現在でも大いに活用されている．しかし，図形情報を数値情報へ，数値情報を図形情報へと相互変換できるプログラムや，その結果を印字できる装置などが開発され，現在，多くの事業所では，設計図書などの作成は，定規と鉛筆による手書きから，CADやCGなどのように，コンピューターによる図形処理を駆使する時代へと移り変わっている．

## 4・1　ハードウェアとソフトウェア
### 1.　ハードウェア
　コンピューターの基本的な構成は，コンピューター本体と入出力装置による．コンピューター本体は，総称としてハードウェア（hardware）と呼ばれ，このハードウェアには，制御機能や演算機能をもつ中央処理装置（central processing unit；CPU）と，データおよびデータを処理するためのプログラムを格納している主記憶装置などがある．

　一般にコンピューターは2進数を用いている．与えられた数値データは2進数に変換され，演算処理がなされた後に数値データに再度変換されて出力してくる．図形処理の流れでみるならば，まず図形情報を数値データあるいは図形そのもので入力すると，コンピューターで扱われる数値に変換し，演算処理を行なった後に図形に変換し，出力している．

　入力装置としては，入力時に図形を数値データに直してキーボード（keyboard）から入力するのが一般的であるが，図形そのものを直接入力するデジタイザー（digitizer）やタブレット（tablet）などもある．また，今日では入力方法も簡便

化され，画面上で直接，データ入力操作をするライトペンやマウス (mouse) があり，さらに画像をそのまま入力できる装置としてスキャナー，デジタルカメラ，デジタルビデオなどがある．

出力装置としては，従来から使用されてきたプリンター (printer) が，印刷された数値，文字，図形などを見る装置としては一般的であるが，そのほかにも，図形などを印刷する装置としてプロッター (plotter) がある．プロッターには，ペンによって紙の上に図形などを描くペンプロッターと静電プロッターの2種類がある．ペンプロッターはドローイングの速度が遅く，主流は速度の速い静電プロッターとなっている．さらに，一時的にその内容をみる装置としてはディスプレイ装置 (display unit) があり，その中でも一般的な装置として，テレビのブラウン管と同じ原理の CRT (cathode ray tube) がある．ほかに，最近とみに多くなってきた装置として液晶パネルがあり，さらにプラズマパネルなどがある．

### 2. ソフトウェア

コンピューターは LSI (大規模集積回路 large scale integration circuit) で構成されている電子回路をもつ計算機であるが，この計算機を用いて，使用する人間が，求めようとする結果を出すためには，まず，実行すべき命令やデータなどであるソフトウェア (software) が必要となる．ソフトウェアには，コンピューター全体のシステムや入出力装置の制御・管理など，ハードウェアを操作するための基本的な機能をもつ OS (operating system)，さらに，OS の管理下でそれぞれの問題を解決するための演算や処理手順を記述したアプリケーションプログラム (application program) などがある．

プログラムは，その処理内容に合わせたプログラム言語をもち，その文法に準拠して作成されているが，コンピューター内部では，データを含めたその言語を認識できる言語 (機械語; machine language) に変換して実行している．その実行過程には2通りあり，一つは，プログラムを1行ずつ読み取り，変換し，実行することを繰り返し行なっている方式で，インタープリタ (interpreter) 方式と呼ばれている．他方は，プログラム全体を読み込み，変換し，実行する方式で，コンパイラ (compiler) 方式と呼ばれている．それぞれの特徴として，インタープリタ方式は，1行ずつ読み取ることから，処理速度は多少遅くなるが，会話形式で問題の

処理を行なうことができる利点がある．コンパイラ方式は，一度にプログラムを読み取ることから，プログラムが実行可能なものとしてから行なうことが必要であるが，処理速度が速いことが利点といえる．

それぞれの方式の代表的なプログラム言語は，インタープリタ方式では BASIC や LOGO など，コンパイラ方式では FORTRAN, PASCAL や C 言語などがある．

いずれにしても，図形処理をするにあたっては，これらの言語を使用することとなるが，複雑な命令が必要な図形処理にはグラフィックコマンドやグラフィックライブラリーが用意されており，それらを記述することによって図形処理が行なわれる．

## 4・2　図形処理のフロー

図形処理（computer graphics；CG）技術の応用例の一つとして CAD (computer aided design) がある．CAD は，設計製図などにおいて広く支援するシステムとして活用されている．また，CG は，二次元，三次元空間の対象物の図形処理を画像で作成，処理するもので，最も身近な例として，アニメーションは日常生活の中にまで定着している．このように CG は，いまや，CAD に代表される工学分野のみならず，ビジネス，家庭などさまざまな分野で活用されている．ここではこれらの原理的な基礎知識に触れたい．

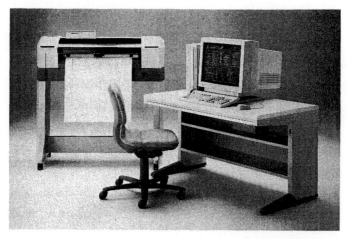

図 4·1　CADシステムの例（左側がプロッター）〔武藤工業(株)提供〕．

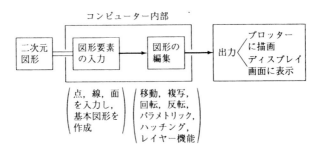

図 4・2 二次元図形処理のフロー.

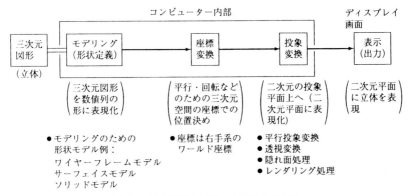

図 4・3 三次元図形(立体)の図形処理の原理.

## 1. モデリング

立体を見てみると,その構成要素は頂点ならびに頂点間を結ぶ稜線,さらにはそれらの稜線で囲まれた面であり,これらによって形づくられている.そして,それらの位置や大きさならびにその接続関係を情報として,図形処理を行なっている.

立体の図形処理では,図4・3に示すように,図形をコンピューターで処理できる数値の形に置き換え,形状を定義することが行なわれる.これをモデリング(modeling)という.モデリングには,どんな形状の立体にモデル化するかが必要であり,その形状モデルを図4・4に示す.

**(1) ワイヤーフレーム モデル** ワイヤーフレーム モデル (wire-frame model) は,立体の頂点とその頂点を結ぶ稜線との情報によって形づくられた形状である.つまり,立体の稜線部分を針金に置き換え,その頂点を結んで形づくられたもの,いわば針金でフレームがつくられた立体を想像すればよい.このモデルの特徴は,

フレームによって表現されていることから，その立体の内と外との区別がつきにくい点である．しかし，最も簡便な手法として，立体の一次的な把握や透視図（パース；perspective）の下図（したず）の検討などに使われる．

（a）ワイヤーフレームモデル　（b）サーフェースモデル　（c）ソリッドモデル

図 4・4　立体の形状モデル．

**（2） サーフェイスモデル**　サーフェイスモデル（surface model）は立体の面情報によって構成されているもので，図4・4（b）のように，立体の表面の平面を塗りつぶしたような形状である．つまり，ワイヤーフレームモデルの稜線に囲まれた面を情報としており，その内部はまったくの空洞で，いわば空っぽの箱のようなものである．しかし，内と外との境は面によって区切られているため，ワイヤーフ

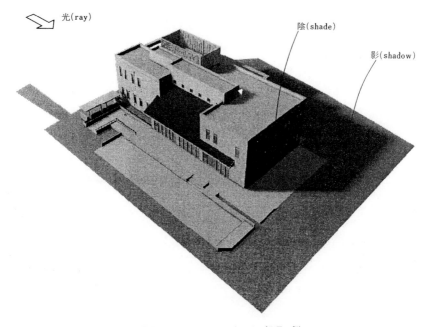

図 4・5　サーフェイスモデルでの処理の例．

レームモデルのように透けて見えることはなく，ワイヤーフレームモデルよりは高度な処理が可能となる．その一つとして陰影がある．図4・5に示すように，不透明な立体に光線（ray）を当てると，その立体には光りの当たる部分と当たらない部分とが出てくる．当たらない部分を陰（shade）といい，その光線を遮って背面に影（shadow）を落とすこととなる．このような手法を取り入れることによって，実際の見えかたに近い表現が可能となる．

（3） ソリッドモデル　ソリッドモデル（solid model）は，サーフェイスモデルの内部が詰まった立体として取り扱うことができるモデルである．そのために，どこで切断してもその断面を表示することができ，当然のことながら陰影も施すことができる．しかし，サーフェイスモデルよりもさらに高度なモデルである．

このように，ワイヤーフレームモデルからソリッドモデルまで立体を表現するモデルはあるものの，モデルが高度になるに従い，その情報量は多くなる．

## 2. 変　　換

（1） 座標変換　図4・3に示したように，図あるいは立体を平行に移動したり，回転したりするなどの操作をコンピューター上で行なうために，数学的な形式で表現する座標変換が行なわれる．つまり，図または立体を表現するに用いられる数学的な表示は直交座標上に表現するが，一般的に平面的な図形は$X$軸，$Y$軸の2軸で表現し，立体は，その2軸にさらに1軸を加えた3軸のワールド座標系（右手系）で表現している．

（2） 投象変換　三次元の立体を二次元の平面上に表現する方法としては投象（projection）法が用いられ，3章の単面投象の中で述べられている等測投象（isometric projection）と透視投象（perspective projection）の考えかたと同様である．

等測投象と透視投象は，いわば紙上で立体を二次元の平面として表現するものであるが，これをコンピューター内で数学的に変換するものを投象変換と称している．

（a） 平行投象変換　平行投象は，図4・6に示すように，いわば平行な投象線（あるいは投射線；projection line）によって表現できる図形である．つまり，3章で述べられている直軸測投象（axonometric projection）の考えかたと同じで，直交する3軸によって表された投象面（plane of projection）に表現される図形である．

**(b) 透視投象変換** 物体をいわば私たちが見ている姿に最も近いものに表現することを可能とする手法といえる（図4·7参照）．この考えかたは，3章の透視投象（perspective projection）で述べられている方法のうちの消点法（method by vanishing point）を用いている．

消点法には，消点の数により1消点法，2消点法および3消点法がある．1消点法は別に平行透視図（parallel perspective）

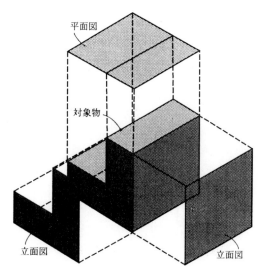

図 4·6 平行投象の例．

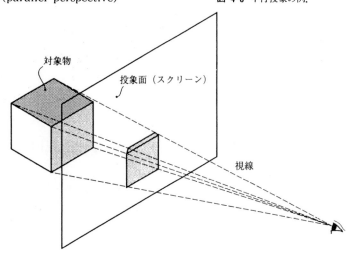

図 4·7 透視投象の例．

と称されており，投象面に一つの面が平行に置かれている立体を二次元の平面上に表現する方法である．さらに，2消点法および3消点法は有角透視図（angular perspective）と称され，立体と投象面との関係は，立体の底面が地盤面と平行に置かれていることが条件となる．

# 4章 コンピューターによる図形処理

(a) ワイヤーフレームモデルで作図する．

(b) レンダリングをほどこす．

(次ページに続く)

(c) 完成予想図

図 4・8 三次元図形の処理の例（その1）．

150　　　　　　　　　　　　　　　　　　　　4章　コンピューターによる図形処理

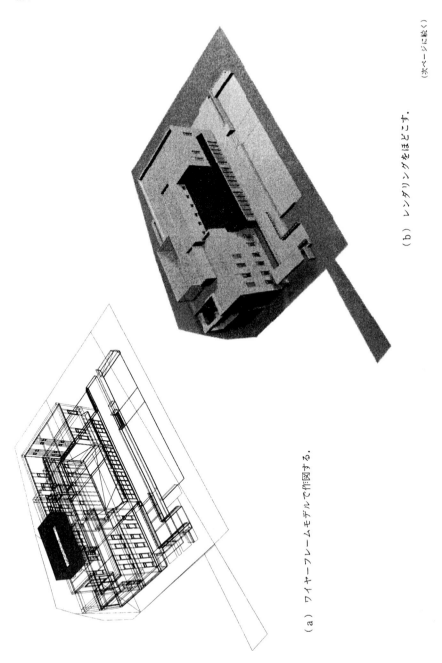

(a) ワイヤーフレームモデルで作図する。

(b) レンダリングをほどこす。

(次ページに続く)

(c) 完成予想図

図 4・9 三次元図形の処理の例（その 2：鳥瞰図）．

# 4章 コンピューターによる図形処理

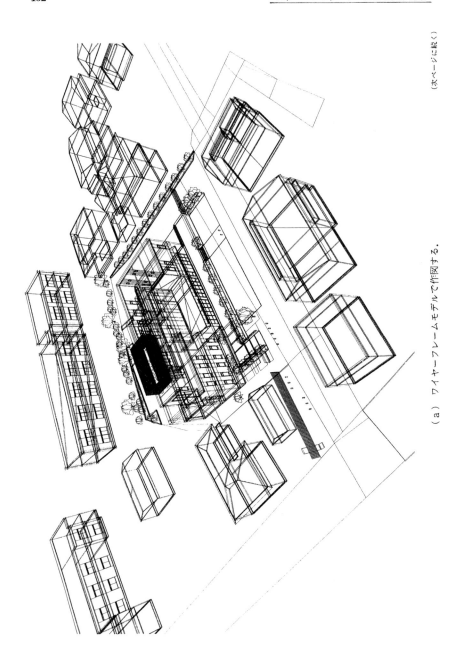

(a) ワイヤーフレームモデルで作図する．

(次ページに続く)

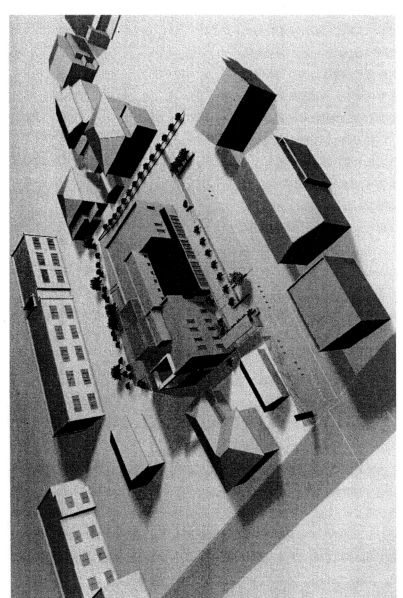

(b) レンダリングをほどこす.

図 4・10 三次元図形の処理の例（その 3：提案建物の周辺状況の鳥瞰図）.

## 3. 隠れ面処理とレンダリング

物体をより写実的に表現するために，隠れ面処理を行なうことが必要となる．たとえば，前述したモデリングの中のワイヤーフレームで描かれた立体を遠くにある線と手前にある線とに区分けし，手前の線のみを残して立体的に見せる方法を隠れ線（いんせんともいう）消去という（図4・11参照）．この隠れ線消去も隠れ面処理の一種であるが，表現しようとする立体が複雑なものであればあるほど，この処理は複雑なものとなる．

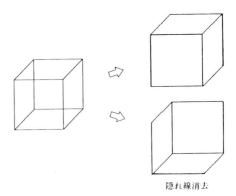

図 4・11 隠れ線消去により，見えかたが変わる．

表現しようとする立体の隠れ面処理を終え，さらに写実的に表現しようとするにはレンダリング（rendering）を行なうことが必要となる．レンダリングとは，その立体の材質感や光の当たり具合による陰と影あるいは色あいなどの表現をほどこすことで，CGでは，コンピューターで処理を行ない，ディスプレイ上に表現している．

図4・8～図4・10に，三次元図形の処理の例として，ワイヤーフレームモデルの作図およびそのレンダリング処理の例を示す．

このような処理を行なうことにより，立体をより写実的に表現することができる．

### おわりに

以上，図形処理について概要を述べたが，現在，図形処理に関するアプリケーションソフトは数多く出回っており，二次元の処理を得意とするソフトから，三次元はいうに及ばず，CGのように，処理された図形をもとにアニメーションの作成を行なったり，建物のでき上がりや街並みなどのシミュレーションに活用したり，計画用地での法的に許容される建物のボリュームを3D（三次元）で表現できるソフトなど，多岐にわたったアプリケーションソフトが流通している．これらのソフトを必要に応じて活用するとよい．

# 付録 製図用具

### 1. 製図用具の種類と取扱い

 以前は，建築の図面をT定規と三角定規と鉛筆だけで描いたものである．さらに古くは，毛筆や烏口を使って墨によって描いていた時代もある．最近は，ほとんどの事業所でコンピューターを用いて図面を作成しているが，作図の基本を学ぶ者にとっては，作図をするための用具を駆使して作図することは，図面を理解するうえでも必要である．
 しかし，これらの用具のすべてをここに列記して説明することは紙面の都合もあり困難であるから，建築の分野で，ごく一般的に扱われているものをいくつかひろい上げて説明する．

図1 製図室

**（1）製図機械** ふつう，製図機械と呼ばれているものは，T定規，三角定規，分度盤，スケール等の役目を同時に備えた製図を行なうための機械で，通常これを製図板に取り付けて使用する．この製図機械を一般に使われるものによって大別するとトラック式とアーム式とがある．トラック式製図機械は，製図板にレールを取り付け，定規を移動させる（図2）．また，アーム式とは，スプリングのついたアームを利用して移動させる製図機械である（図3）．また，このほかに使用されている簡単な製図機械として平行定規がある（図4）．

 製図機械の大きさは製図板の大きさとも関連するが，大きな製図板を使う場合には，やはり製図機械の方もそれに適合した動きの大きいものを使う必要がある（付表1を参照）．

 定規の角度の調整や，使用する場合のスプリングの強さ等は，いずれもある程度自分でも調整できるが，やはり自分に適した強さのものを選んでおくのがよい．製図機械は製図板，

付録 製図用具

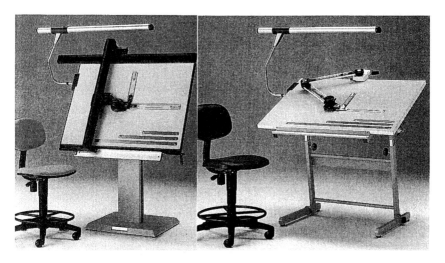

図2 トラック式製図機械　　　図3 アーム式製図機械

図4 平行定規

〔図2〜図4；武藤工業(株)提供〕

製図台，脇机，椅子，ランプとセットになって市販されているものもあるが，ほとんどの機械は別々に購入できるはずである．セット式になっていた方が，機械に適応した製図台を使用しているので使いやすいこともあるが製図台の良し悪しとも関連するので，やはり製図台と分けて選んだ方が自分に適したものが選べる．なお，製図機械は，これを製図板に取り付ける角度によって，平面用，斜面用，立面用とあり，それぞれの使い方に応じて製作されて

付表 1  製図機械の大きさの例.　　（単位：mm）

| 適合製図板 | レール，アームの長さ | スケールの寸法 |
|---|---|---|
| 750 × 1050 | 988 × 1300 | 250 × 400 |
| 900 × 1200 | 1138 × 1450 | 250 × 400 |
| 900 × 1500 | 1138 × 1600 | 250 × 400 |
| 900 × 1800 | 1138 × 1900 | 250 × 400 |
| 1050 × 2400 | 1288 × 2500 | 250 × 400 |
| 750 × 1050 | 950 × 1330 | 250 × 400 |
| 900 × 1200 | 1100 × 1480 | 250 × 400 |
| 600 × 900 | 763.5 × 1170 | 200 × 300 |
| 750 × 1050 | 913.5 × 1320 | 200 × 300 |

付表 2  製図板の大きさ.
（単位：mm）

| |
|---|
| 450 × 600 |
| 600 × 900 |
| 750 × 1050 |
| 900 × 1200 |
| 900 × 1800 |
| 1200 × 2400 |

いるので，あらかじめ自分がどのような姿勢で製図を行なうか充分検討した上で購入することが大切である.

（a） **製図台**　一般の事務机の上に製図台を載せても使えないこともないが，机に製図板を載せただけだと，高さの調節や傾斜角度を調節するのが難しい．そのためできれば専用の製図台を使用するのが望ましい．特に建築製図の場合は，作業が始まると長時間にわたって同じ姿勢で作業を行なうことになるので，不自然な姿勢で作業を行なうことは，どうしても疲れやすくなりさらに病気の原因にもなりかねない．そのような意味で製図台を選ぶ場合には，容易に高低の調節ができること，あるいは自分の作業寸法に合った高さであること，さらに製図板の傾斜角度が思うままの位置に固定できること，製図台全体が作業中にぐらぐらしたりしないで安定していることなどがあげられる．なお，このほかにも，できれば，鉛筆台等がついていること，資料を置けるようになっていること等の条件がそろっていると製図の作業に便利である．

（b） **製図板**　製図板の大きさを，付表2に示したが，普通は中版と称される600mm×900mmのものでもよいが，通常使う紙の大きさより，一段階大きい方が使いやすい．全紙（JIS P 0138に定めているA列0番）を使用する場合は紙の大きさが，841mm×1180mmの大きさなので，製図板の大きさもそれ以上のものが必要となる．しかし通常の製図では全紙を使用することはあまりない．

製図板の材料はヒノキ，カツラ，サワラ等の材料が使われている．最近では，合成樹脂系，金属系のシート等を板に圧着したものが主流となっている．木質等の材料の場合はよく乾燥したものでも，ひび割れやそりが起こることもある．また，ムクの板を使ったものは特に乾燥状態に注意を要する．製図板のそりやひび割れを防ぐために板を縦横に張り合わせたものや，ムクの表板の下に特殊な芯板を組み込んだもの等もある．またベニヤ製の製図板もあり，学生時代に使うものとしてはこれでも充分であるが，ねじ止めをしたり，画びょうを使ったりする場合には，長い間使っていると穴があき画びょうがきかなくなること

もある．またベニヤ板は水に弱いので，図面に彩色をする場合には注意を要する．これを補うために，最近は製図板の表面をビニール加工したものも見られるが，これもやはりびょう止めの穴が残ることもある．

なお，製図板の回りの縁の正確さは製図機械を使用する場合にはあまり問題ないが，T定

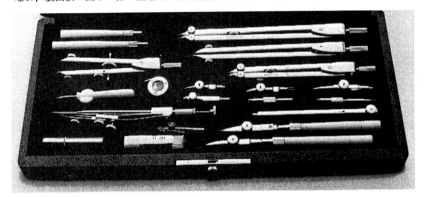

図5　製図器セットの例（独型式）．

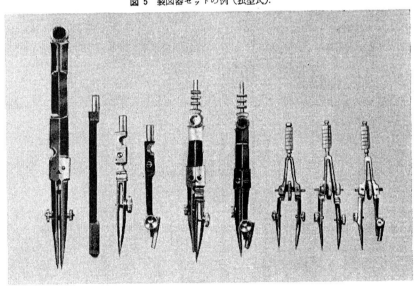

図6　製図器（英型式）

規を使用する場合には重要な役割を果たすので注意を要する．

（2）**製図器**　以前は製図機械を大別するのに，英型式と独型式の2種類に分けられていた．しかし最近は，これを改良した型のものも市販されている．それぞれに特徴があってど

ちらがよいというものではないが,人によって好みに合った方を使うのがよい.いずれもセットになって売り出されている.セットに入っている製図器はごく数品種のものから30種類もの製図器がセットされているものまである.品数の多いものを買っても,ほとんど使わないものもあるので,初めはごく少ないものでよい.もちろん常時使用するような製図器は,ばら売りされているのでこれを購入してもよい.ただし,セット式の場合は,ねじ回し,コンパスのつぎ脚等が入っているので便利なこともある.ばら売りを購入した場合には,ねじ回し等が,なかなか見つからないので困ることもある.

つぎに建築の製図で比較的使われる製図器をいくつか説明する.

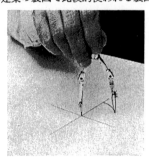 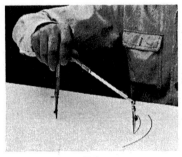

(a) (b)

**図7** コンパスの使い方.

**(a) スプリングコンパス** コンパスの内側もしくは,外側に取り付けられたスプリング

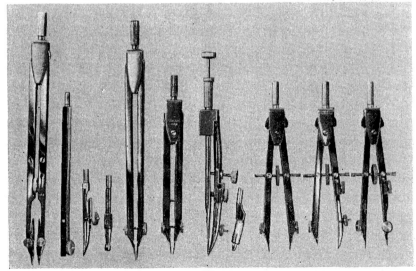

図8

によって両脚の開閉を微動調整するコンパスで，おもにごく小さな円を描くときに使用する．穂先は烏口，鉛筆，針の3種類あるが，少し大きなスプリングコンパスでは穂先の差し替えが自由に行なえるようになっているものもある．

（b）**コンパス**　コンパスには穂替式と固定式とがあり，さらにそれぞれに大・小あるいは大・中・小の種類がある．穂替式とは，穂先が烏口，鉛筆，針の3種類に交換できるもので，接合部がしっかりしていないとこわれやすい．このほかに穂替式には替柄が付いているのもある．替柄のついているのは特に大きな円を描く場合に使用できるので便利である．固定式は，穂先の交換ができないので，烏口，鉛筆，針の3種類を購入する必要があり，不便な面もあるが，破損することが少ない良さもある．

（c）**デバイダー**　デバイダーとはコンパスのような形をしているが，両端の穂先が針になっている．線の分割，転写，寸法測定等に使う．コンパスの穂先を針にしてそのまま使用することもできるが，ふつうは専用のデバイダーを使う．デバイダーの先端の針は，大切な部分であり，白い紙面の上で使用する場合に針先が見えやすいように黒く染めたものもある．なお穂先に防錆加工をしていないものは，錆びてしまうと使えなくなることもあるので注意したい．また穂先がゆがんだり曲ったりしているものは使用できない．

（d）**ドロップコンパス**　ごく小さな円を描くときに使うコンパスである．やはり穂先は烏口と鉛筆とがある．もちろん穂替式もある．ドロップコンパスは，中心軸の針先が回転しない特殊なコンパスなので，小さな円を描くときに中心穴を大きくしたり，いためたりすることがないので便利である．

（e）**ビームコンパス**　ドロップコンパスが小円を描くときに使用するのに対して，ビームコンパスは普通のコンパスで描けないような大きな円を描くときに使うコンパスである．使い方は1本の水平軸（定規をそのまま使うこともできる）にある可動端を，求める円の半径に等しくビームを取り付け，一方を固定して回転させて使うもので，水平軸さえ長ければいくらでも大きい円が描ける．

（f）**烏口**　烏口は図面の墨入れに使うものであるが，最近は図面の墨入れには製図用万年筆等を使って烏口をあまり使用しなくなってきている．烏口の種類には直線用，単曲線用，双曲線用，点線用，双頭線用等がある．直線用は大・中・小あるいは太線用，細線用等があるが，描こうとする線の太さによって使い分けている．曲線用は，頭部が自由に回転し，曲線が自由に描けるようになっているが，頭部を固定すれば，直線用にもなる．特に双曲線用のものは頭部を固定すると，双頭線引きにも使用できる．烏口を選ぶ場合には烏口の両先端がよく合っているかどうか調べておく必要がある．

（g）**その他の付属品**　製図器をセット式で購入するとコンパス，烏口等のほか，付属品としてねじ回し（コンパス専用のものを含む），鉛筆芯入れ，製図用シャープペンシル，分度器，字消し板，シリコンクロス等が入っている．

字消し板とは，一度描いた図面の線や字を消すのに使用するものでセルロイド製とスチール製とがある．セルロイド製の字消し板は，消す部分以外もセルロイドを透かして見えるので便利なこともあるが，消しゴムを使う場合は，スチール製の方が厚みがなくて使いやすい．

（3）**定規**　定規は直線や曲線を描いたり，角度や長さを測るのに使う．三角定規，雲形定規，T定規，直角定規，斜用定規，留定規等がある．

（a）**T定規**　T定規とは，製図板を使用して直線を引くために利用されるT字形の定規であるが，製図機械を使用する場合には必要ない．その意味で製図機械のない場合には図面を描くのに欠かすことができない製図用具の一つである．T定規は頭板と定木部分とからなり，頭板部分と定木部分とが固定されているものと，回転するものとがある．いずれを使用してもよいが，使用に際してはT字部が完全に固定されて動かないものを購入する必要がある．大きさは，製図板の大きさによって決められるが，製図板の幅と同じ長さの程度のものが使いやすい．T定規は充分に乾燥した良質材を使ったものでないと，そりが生じ製図に狂

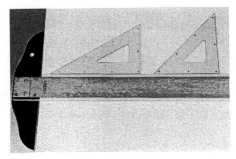

図 9　T定規，三角定規

いが生じることもある．定木部分は片縁だけしか使用できないものと，両縁が使用できるものとがあるが，どちらを使っても支障はない．ただし，使用する製図板が一定していない場合には頭板と定木部分が固定しているものだと，その部分が必ずしも 90° になっていないから，一度引いた線が製図板が違うことによって合わないことがある．むしろ頭板部分と定木部分との角度の変えられる自在T定規の方がよいこともある．

（b）**直定規**　直定規とは，直線を引くのに使われる定規で，その長さは，180mm，300mm，360mm，450mm，500mm，600mm 等がある．定規の材料は，セルロイド製，合成樹脂製，木製，竹製等がある．また，材質にも関連するが，透明のものと不透明のものとがある．直定規は特別なものを除き，ほとんどは目盛がついている．これは，直定規そのものの使い方によるものである．

直定規は，正しい目盛がついていること，直線の度合が正確であること，さらにできれば透明であった方が良いこと等を選定の条件にするとよい．

図 10 各種の定規

（c） 三角定規　三角定規には目盛の入ったものと入っていないもの，形状のごく小さいものから大きいもの，材質もセルロイド製や合成樹脂製，木製等があるが，建築の製図では，目盛のあるものはあまり使わない．材質はセルロイドまたは合成樹脂等で作られた透明なものの方が使いやすいので比較的多く使われている．

木製の場合には，定規の縁がいたみやすいことから，縁に黒たん，紫たん，白セルロイド，竹等を貼り合わせたものがあるが，はがれやすいものもあるので充分に注意して購入する必要がある．

使用する三角定規の大きさは特に決まってはいないが，T定規と組み合わせて使用する場合でも45°角の定規の斜辺の長さが30cm程度のものがあればよい．

そのほか三角定規で最も注意すべき点は，当然のことであるが定規のどの辺も直線であるかどうか，角度は直角であるかどうかが大切である．直線の真直度を自分で調べるのには，2枚の定規のそれぞれの辺を突き合わせ，光に透かして見て，合わせ目から光のもれ具合を調べるのがよい．また角度を調べるには，一度紙に線を描いて見て，定規を回転してもう一度同様に線を描いて，線が一致するかどうか調べればよい．このほか，三角定規によっては，紙面に定規がぴったり張り付かないように，突起物のついた定規や，面取りをほどこしたり定規がある．これらの定規は，図面への墨入れ等のときに使うと便利である．

（d）雲形定規　ふつう，曲線定規といった場合には雲形定規を想起するが，雲形定規は曲線定規の中ではかなり一般的に知られている定規である．しかし，実際に使用しようとすると枚数ばかり多く必要となり，さらにそれでも描こうとする曲線になかなか合わなくて困ることもある．そのため，曲線定規は，それぞれ用途に応じて，カーブが作られていることが多い．曲線定規には，アメリカ型定規，造船用カーブ定規，鉄道曲線定規，ユニカーブ定

規等の名称のついた定規がある．いずれにしても，建築では雲形定規を使って図面を描くことが少ないので必要になってから，自分に必要なものだけを求めるようにした方がよい．

定規の材料はセルロイド製と木製とがあるが，建築ではセルロイド製の方が下図が見えるので使いやすいといわれている．

（e） **自在曲線定規** 俗称"ヘビ"といわれ，セルロイドと鉛の棒とを組み合わせて作られたもので，どのような曲線でも自由自在に描ける長所はあるが，滑らかな曲線を描くことは難しいという欠点がある．自在曲線定規の使い方は，あらかじめ必要な曲線とか形状を定規を曲げてつくっておき，紙面に固定させて線を描く方法をとる．

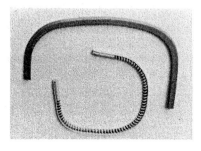

図11 自在曲線定規

（f） **勾配定規** 建築の屋根勾配や，水勾配等を描くのに使われる定規で，角度が自由に動かせるようになっている．勾配定規には，角度勾配だけでなく，水平距離と斜面との比が目盛ってあり，各々の値がすぐ求められるようにもなっている．材質は，そのほとんどがセルロイドである．

（g） **三角スケール** 三角スケールとは，断面が三角形の直定規でこれに目盛が付してあることから，三角スケールと呼ばれている．三角スケールの各面には1/100～1/600までの刻印があり，縮尺図面を描くのに便利である．なお，特に三角スケールのうち，1/250目盛の入ったものを土地家屋調査士用としている．大きさには大・中・小の3種類がある．そのほとんどのものは竹の貼り合わせでできており，さらに表面だけにセルロイドを張り付けてあるものもある．

（h） **分度器** 分度器には，半円分度器，全円分度器，角分度器等がある．半円分度器とは，もっともふつうに使われている分度器で，半円の形をしている．全円分度器とは，この半円分度器を2倍にしたものである．全円分度器，半円分度器を用いて，ある角度を求め，線を引くには求める角度に印を付け，直線定規で改めて線を引かなければならないが，角分度器だと，要求された角度をそのまま直線で表わすことができる．

（i） **その他の定規** 円定規，楕円定規，三角記号定規，角定規，ボルトナット定規，文字用定規，数字用定規，衛生陶器専用定規，仕上げ記号定規，電気記号定規等がある．いずれも縮尺に応じて使えるように，各種の大きさのものが市販されている．このうち，建築図面を描くのに円定規，衛生陶器用定規，文字用定規，数字用定規等は大変便利である．

（4） **製図用品** 製図用品とは，製図を描くときに使用するものである．一般に製図用品といわれるものには，製図用シャープペンシル，消しゴム，マグナライト（拡大レンズ），芯研器，製図用ブラシ，製図用テープ，字消し板，レタリングペン，ペンホルダー，マグネッ

トプレート等がある．もちろん，これらすべてを製図用品としない分類もあるがここでは一応製図用品とする．このほか，必ずしも製図用品とは呼べないが，完成した図面の保管や持ち運びに必要なものとして，図面収納ファイル，丸筒，角筒等がある．ここではごく一般的な製図に必要なものをいくつか掲げておく．

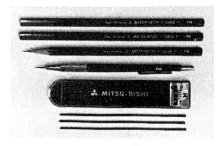

図 12 製図用鉛筆類　　　図 13 製図用ブラシ

（a）**製図用ブラシ，羽根ぼうき**　製図用ブラシ，羽根ぼうきは，図面を訂正したときの消しゴムのくずなどを，紙面をいためないようにきれいに払い落とすために使用するものである．毛先あるいは羽根足が柔かく，腰の強いものが使いやすい．

（b）**墨入れ用レタリングペン**　レタリングペンには万年筆型と付けペン型とがある．線の太さは，万年筆型では0.1mm～2.5mm程度，付けペン型では0.1mm～5.0mm程度まである．このようにかなり細い線を引けることから，最近は烏口の代りにこのペンを使うことが多くなっている．またこれをコンパスに接続させて円を描くこともできる．レタリングペンはペン先とインクの流れが大事であるので，ペン先をよく調べて，つねに良好な状態にしておく必要がある．

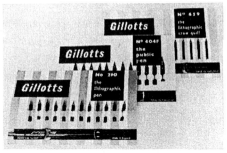

図 14 墨入れ用ペン

（c）**マグネットプレート**　マグネットシート製の製図板を使用するときにはマグネットプレートで紙を固定する．画びょうのように用紙に穴があかないのが特質である．マグネットプレートの材料

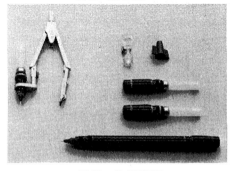

図 15 万年筆型製図ペン

は，薄いステンレスである．大きさは，800mm，400mm，300mm の 3 種類がある．

## 2. 製図用紙の種類と用途

製図用紙は便宜上，原図用紙，透写用紙，彩色用紙に分類することができる．それぞれの用紙は表面が密な質のものから粗な質のものまである．ただし，いわゆる原図用紙は現在で

付表 3　用紙の大きさ．　　　　　（単位：mm）

| 列番号 | A | B | 列番号 | A | B |
|---|---|---|---|---|---|
| 0 | 841 × 1189 | 1030 × 1456 | 7 | 74 × 105 | 91 × 128 |
| 1 | 594 × 841 | 728 × 1030 | 8 | 52 × 74 | 64 × 91 |
| 2 | 420 × 594 | 515 × 728 | 9 | 37 × 52 | 45 × 64 |
| 3 | 297 × 420 | 364 × 515 | 10 | 26 × 37 | 32 × 45 |
| 4 | 210 × 297 | 257 × 364 | 11 | 18 × 26 | 22 × 32 |
| 5 | 148 × 210 | 182 × 257 | 12 | 13 × 18 | 16 × 22 |
| 6 | 105 × 148 | 128 × 182 | | | |

はほとんど使われず，透写用紙で間に合わせ，よほど重要な図面を描くとき以外には使用されない．原図用紙に描くと複写に不便であるため，どうしてももう一度複写用紙に描きなおすことになり能率的でない．透写用紙はその種類も数多いが，鉛筆用のものと墨入れ用のものとに大別できる．

紙の大きさは付表 3 に示したが，透写用紙の場合は，たとえば841mm の 20m 巻きのように巻取りのものもある．

**（1） 原図用紙**　おもにケント紙，木炭紙等が使われるが，現在では学生が実習用に使う以外は，よほど重要な保存用の図面以外には使わない．

ケント紙，木炭紙を使う場合に注意すべきことは，紙面に布目のある方が裏で，透かし文字が正しく見える方が表になっていることである．厚さはいろいろあるが，同じ種類の紙でも製造工場によって品質が多少異なる．色も真白なものと多少クリームがかったものとある．

**（2） 透写用紙**　通称トレーシングペーパーといって，建築の図面を描く場合にはほとんどこの用紙を使用している．透写用紙の種類にはつぎのようなものがある．

① 薄美濃紙……用紙そのものの透明度が少ないことと紙に斑があることから，青図にした場合によく仕上がらない欠点があるが，紙質が軟質で折りたたんでも破れないなどの長所があることから墨入れをして永久保存用にする図面を描くのによく利用されている．一般に鉛筆がきにはあまり使用されない．

② 硫酸紙……硫酸紙には艶消し硫酸紙と艶付き硫酸紙とがある．いずれも墨入れ専用に使用する．青図がきれいに出るが，非常に破れやすい欠点があり，図面を長く保存するには不向きである．

③ 透写布……トレーシングクロスともいい，丈夫で長持ちすることから保存用のとく

に大切な図面用として使われているが，墨入れ専用でそれ以外にはほとんど使用されていない．

④　オイルペーパー……オイルペーパーは墨入れ用にも使われるが，普通は鉛筆がきに使いやすいため，一般にトレーシングペーパーとして使用するものはほとんどこれをさしている．紙の切り口が破れやすい欠点があるので，保存するときは縁を折ってミシン掛けをするか，セロハンテープ等で縁取りをしておくのがよい．通常は，紙の大きさは，長いものをロール状に巻いてあるが，最近は，始めから切ってミシン掛けをしたものもある．このほかトレーシングペーパーは紙質の良否によって青図が美しく出るものと，出ないものとがあるので気を付けたい．

（3）　**彩色用紙**　透視図等の着色用に用いる紙で，MO 紙，ワットマン紙，白亜紙，水彩紙等がある．同じ紙でも表面の感じが違うものもある．使う人の好みもあるのでどれがよいとはいいきれないが，水分の吸収の具合，着色の仕上がり具合等からやはり使いなれたものがよい．

ケント紙等をそのまま着色用紙に使う人も見られるが，水分の吸収が悪いのでよい仕上がりが期待できない．しかし最近では，絵の具を使わない透視図を描く人もみられるので，この場合には水分の吸収は必ずしも関係がないことになる．

引用文献・参考文献

前川道郎・宮崎興二：図形と投象：朝倉書店（1979）
山口章三郎・山内邦比古：図学：内田老鶴圃新社（1963）
中根孝治：大学教育図学：共立出版（1971）
幸田彰：図学と製図：培風館（1968）
福永節夫編：図学概論(改訂版)：培風館（1978）
大久保正夫・助弘毅：第一角法図学：日刊工業新聞社（1964）
宮崎興二：多面体と建築：彰国社（1979）
Frei Otto：Form and Structure：Crosby Lockwood Staples（London）
近江栄・小野裏・佐藤平・野村歓・広瀬力・若色峰郎：建築図学概論：彰国社（1974）
田嶋太郎：コンピューター図学：コロナ社（1972）
田嶋太郎：コンピューター図学演習：コロナ社（1972）
芳田剛・小野博宣・田嶋太郎：大学教養コンピューター図学：コロナ社（1976）
浦昭二編：FORTRAN 入門（改訂版）：培風館（1972）
日本図学会コンピューターグラフィックス委員会編：コンピューターによる自動製図システム：日刊工業新聞社（1974）
穂坂衛著：コンピュータ・グラフィックス：産業図書（1974）
吉川弘之編：コンピュータグラフィック論：日科技連出版社（1977）
小木曽定彰著：都市の中の日照：コロナ社（1972）
滝沢健児：空間の演出＜階段＞：彰国社（1977）
谷川正己：建築図学：相模書房（1971）
S・ナーゲル，S・リンケ著　越野武・服部綸子・伊藤邦子訳：世界現代写真シリーズ 01～09：集文社（1977～1979）
全国幼稚園施設協議会編（佐藤平・河野通祐他）：幼稚園のつくり方と設置基準の解説：フレーベル館（1968）
中山公男・磯崎新・粟津潔：ガウディ全作品：六輝社（1979）
ALINE・B・SAARINEN：ERRO SAARINEN ON HIS WORKS PLAN：YALE UNIV. PRESS
建築術編集委員会編：建築術 2 空間をとらえる：彰国社（1972）
MILLIAM・D・HUNT：TOTAL DESIGN：MEGRAW-HILL BOOK COMPANY（1972）

ウルリヒ コンラーツ，ハンス・G・シュペルンヒ・藤森健次訳：幻想の建築：彰国社 (1966)
ランナー・ディツ編 e+p 設計＋計画 No.15 教会：集文社 (1977)
河合正一・有田和夫：建築設計製図：理工学社 (1962)
国分守行・鈴木達己：建築の設計と製図：理工学社 (1974)
坪井利弘：瓦屋根の納め方：理工学社 (1979)

# 索　引

## あ　行

アルキメデスらせん　31
1点光源　126
一般多面体　41, 42
入母屋　10, 11
陰影透視図法　126
陰線　88
隠線消去　154
うずまき線　31
H・Pシェル　22
円　6, 20
円弧　6
円周　6
円錐曲線　20
円筒　11
折れ板　11

## か　行

開角　65, 68
介線法　107, 135
外転サイクロイド　35
角錐　41, 44, 77
角柱　41, 44, 78
隠れ線消去　154
隠れ面処理　154
陰(shade)　88, 126, 146
影(shadow)　88, 126, 146
影線　88
陰面　88
片流れ　11
カバリエ投象　96
画面　106

基線　53, 107
基点　99
基面　106
ＣＡＤ　141, 143
夾角　64, 71
曲面体　45
虚像　124
距離点法　107, 135
切り妻　10, 11
グラフィックコマンド
　　143
グラフィックライブラ
　　リー　143
傾角　61
懸垂線　31, 37
光源の位置　127
交線　68
光線角度　127
光線方向　127
高トロコイド　35
五角形　10
五角錐　77
五角柱　78
腰折れ　10, 11
五面体　74
コンピューターグラフィ
　　ックス　141, 143, 154

## さ　行

サーフェイスモデル　145
さお縁　10
差掛け　11
座標変換　146

三角形　10
三角錐　77
三角柱　78
三次元図形処理
　　143, 144, 154
三消点透視図法　121
三平面法　107, 109
ＧＬ　53, 107
ＣＧ　141, 143, 154
シェル構造　22
四角形　10
四角錐　77
四角柱　78
軸測軸　99
軸測投象　51, 93, 94, 99
軸測比　100
視心　106
視線　107
視中心　106
視点　106
四面体　74
斜角錐　44
斜角柱　44, 78
射影　96
斜透視　108
斜透視図法　123
斜投象　52, 93, 94, 95
自由曲線　40
縮閉線　31
主軸　99
主投象面　52
準線　21
焦点　21
消点　106

消点法　107, 108, 110, 147
正面図　54
伸開線　31
スキャナー　142
図形情報　141
図形処理　141, 143
図形処理技術　143
錐状面　46
垂直線　135
水平跡　61, 65
水平傾角　61, 65
水平投象　53
水平投象面　53
水平面　53
正四面体　43
正十二面体　43
正多面体　41, 43
静電プロッター　142
正投象　51, 52, 94
正二十面体　43
正八面体　43
正方形　10
正六面体　43
切断平面　84
双曲線　20, 28
双曲線放物線面　46
足線　107
測点　133
測点測線法　107
測点法　108, 133
側辺　77
側面　77
側面図　54
側稜　77
ソリッドモデル　146

た　行

第1象限　53, 54
対角線　74
大規模スパン　22

台形　10
第3象限　53, 54
対数らせん　32
第2象限　53, 54
第4象限　53, 54
楕円　20, 25
高さ　77
タブレット　141
多面体　41
たる木　10
単曲面体　45
単双曲線回転面　46
単双曲線面　46
断面　84
単面投象　93
地平線　106
柱状面　46
鳥瞰図　96
鳥瞰図法　121
頂点　42
長方形　10
頂点　74
直接法　107, 108
直線　1
直投象　52, 94
直立跡　61, 65
直立傾角　61, 65
直立投象　53
直立投象面　53
直立柱　44
直立面　53
直角錐　44
直角柱　78
つる巻き線面　46
低トロコイド　35
底面　77
デジタイザー　141
鉄筋コンクリート造　10
鉄骨造　10
展開　79
展開図　79
転跡線　31, 35

透視図　145
透視図法　1, 106, 110
透視投象　93, 94, 105
透視投象変換　147
投射線　52
投象　50, 51
投象図　52
投象変換　146
投象面　52, 146
等測投象　51, 94, 100, 101
トロコイド　35

な　行

内転サイクロイド　35
二次元図形処理　143, 144
2消点図法　114
ねじれ面　46
軒瓦　6
のこぎり(屋根)　11

は　行

パース　145
柱面　45
反映透視図法　124
光面　88
標高投象　93, 95
標高平面図　94
複曲面　48
副投象面　53
普通サイクロイド　35
ブロック造　10
プロッター　142
平行光源　126
平行光線　88
平行透視　108, 110
平行透視図　96, 147
平行投象　51, 52, 94, 146
平行投象変換　146
平面　74

平面図　53
平面図学　1
ペンプロッター　142
方形　11
放射光線　88
放物線　20，22
宝輪　6

　　　ま　行

マンサード　11
ミリタリ投象　96
無限距離の光線　126
棟瓦　6
面　74，126
木造建築　10
モデリング　144

　　　や　行

有角透視　108，110
有角透視図　147
有角透視図法　114
有限距離の光源　126
寄せ棟　10，11

　　　ら　行

ラバット　68
ラバットメント　68
離心率　21
立体　41
立体図学　1
立体の図形処理　144
立点　107

立面　74
立面図　53
稜　42，74
レンガ造　10
レンダリング　154
レンダリング処理　154
ろく屋根　11
六面体　74
六角形　10
六角錐　77
六角柱　78

　　　わ　行

ワイヤーフレーム
　モデル　144，154

〔著者略歴〕

佐藤　平（さとうひとし）工学博士

昭和10年生れ／日本大学理工学部卒／文部省管理局教育施設部文部技官／東南アジア各国学校建築調査／ヨーロッパ各国社会福祉施設調査／国立小山工専，国立広島大学教育学部講師を歴任／建設省，日本住宅公団等の各種委員を歴任／日本大学工学部教授

　主な著書　住まいの手帖：講談社　心身の障害と新しい施設計画(監修)：ソフトサイエンス社　社会福祉への建築計画(編，共著)：オーム社　建築の色彩計画(共著)：日本色彩研究所　学校建築計画と設計(共著)：日本建築学会　施設計画データー集(共著)：技報堂　建築図学概論(共著)：彰国社　建築設計資料集成(共著)：丸善　その他多数

松井壽則（まついひさのり）

昭和24年生れ／日本大学理工学部卒／日本大学大学院修了／(株)ダーバン設計研究所／日本大学工学部助教授

　主な著書　ハンディキャップ者配慮の住宅計画(共著)：彰国社　地域施設の計画(共著)：丸善

〔執筆協力者〕

若井正一（わかいしょういち）
日本大学教授　工学博士

(株)TR建築アトリエ（CADによる作図）

- 本書の内容に関する質問は，オーム社ホームページの「サポート」から，「お問合せ」の「書籍に関するお問合せ」をご参照いただくか，または書状にてオーム社編集局宛にお願いします．お受けできる質問は本書で紹介した内容に限らせていただきます．なお，電話での質問にはお答えできませんので，あらかじめご了承ください．
- 万一，落丁・乱丁の場合は，送料当社負担でお取替えいたします．当社販売課宛にお送りください．
- 本書の一部の複写複製を希望される場合は，本書扉裏を参照してください．

JCOPY ＜出版者著作権管理機構 委託出版物＞

- 本書籍は，理工学社から発行されていた『建築図学（第2版）』を，オーム社から版数，刷数を継承して発行するものです．

### 建築図学（第2版）

| | |
|---|---|
| 1980年4月20日 | 第1版第1刷発行 |
| 2002年3月5日 | 第2版第1刷発行 |
| 2025年4月10日 | 第2版第15刷発行 |

編著者　佐藤　平
発行者　髙田光明
発行所　株式会社オーム社
　　　　郵便番号　101-8460
　　　　東京都千代田区神田錦町3-1
　　　　電話　03(3233)0641(代表)
　　　　URL　https://www.ohmsha.co.jp/

© 佐藤 平 2002

印刷・製本　デジタルパブリッシングサービス
ISBN978-4-274-21901-6　Printed in Japan

## 好評の建築技術図書

鈴木悦郎 監修／清田清司・高須治男 共著

## 新 建築土木 構造マニュアル

A5判 上製 424頁　　　　本体4200円【税別】

骨組みの応力解析，変形計算，断面設計計算など，土木・建築技術者が簡単に手計算でできるよう編集した構造力学公式集．構造設計に必要なあらゆる実用公式をはじめ，計算図表，諸数値を系統的に整理集録．応力計算から断面算定へと系統的に一貫して活用でき，また，構造物，仮設設計の実用資料として役立つ必備の宝典です．改訂版ではSI単位化を図るとともに，計算公式の実際への応用として，新基準対応の実用構造設計法について設計式と計算値を併記してわかりやすく解説．

【主要目次】 I章 材料力学公式（材料諸係数の計算公式 他） II章 はり構造力学公式（片持ちばりの計算公式 単純ばりの計算公式 他） III章 ラーメン構造力学公式（構造物の安定問題と静定・不静定 山形ラーメンの計算公式 他） IV章 トラス構造公式 V章 構造設計

---

近江 榮 監修／筋野三郎・畑中和穂 共著

## おさまり詳細図集① 木造編

B5判 並製 176頁　　　　本体2600円【税別】

本書は，古くから伝承されてきた木造建築の各部のおさまり詳細について，現在最も多用されている手法を中心に集成したものです．わかりやすい姿図・おさまり詳細図を使って徹底的に図解するとともに，実務において参考にもなるよう，設計・施工の要領を明快に解説．設計のみならず施工に携わる実務者の皆さん，また学生諸君にも常備参考書として絶好です．

【主要目次】 基礎，土台（基礎一般例 他）軸組み 床組み 小屋組み 外壁仕上げ（板張り仕上げ 和風真壁仕上げ）外部出入り口，窓 戸袋 屋根仕上げ（和がわらぶき屋根 他）換気口 外部床仕上げ 内部床仕上げ（床仕上げと下地 各種床断面詳細例）内壁仕上げ，幅木 長押 天井仕上げ，回り縁 内部出入り口（敷居，かもい，建具わくの詳細 欄間 他）階段 床の間 住宅の主要部詳細例 継手 仕口

---

◎本体価格の変更，品切れが生じる場合もございますので，ご了承ください．
◎書店に商品がない場合または直接ご注文の場合は下記宛にご連絡ください．
TEL.03-3233-0643 FAX.03-3233-3440　http://www.ohmsha.co.jp/

## 好評の建築技術図書

伊藤喜三郎 監修／筋野三郎・畑中和穂 共著

# おさまり詳細図集② コンクリート造・鉄骨造の仕上編

B5判　並製　200頁　　　　　　　本体 2600円【税別】

本書は，鉄筋コンクリート造，および鉄骨造の内外仕上げについて，最も多用されている工法とその実際を，実例にもとづくすぐれたおさまり詳細例を多数掲げて徹底的に図解するとともに，設計・施工の要点を平易に解説しました．初学者にとって基本をマスターするための好参考書として，また実務家の方々にとって現場で直接役立つ資料として必備の書です．

【主要目次】　外壁仕上げ（コンクリート打放し仕上げ　タイル張り仕上げ　他）　内壁仕上げ（塗り仕上げ　布，紙張り仕上げ　他）　外部開口部の仕上げ　内部開口部の仕上げ　外部床仕上げ（犬走り，テラスのおさまり　他）　内部床仕上げ　天井仕上げ　各種階段の仕上げ（鉄筋コンクリート造階段　鉄骨造階段　木製階段　他）　防水，防湿仕上げ（屋外防水　屋内防水　他）　雑工事のおさまり（エキスパンションジョイント工法　他）

---

谷 資信 監修／筋野三郎 著

# おさまり詳細図集③ 配筋要領編

B5判　並製　176頁　　　　　　　本体 2600円【税別】

構造耐力上安全な鉄筋コンクリート構造物を構築するには，正しく加工した鉄筋を正しい位置に配筋し，正しく組み立てることが必要です．本書は，基礎，柱，はり，床スラブ，階段，壁など，躯体の各部ごとにわかりやすい配筋詳細図を豊富に収録し，設計・施工要領を明快に説明しました．設計・施工管理者，構造設計者の方々の実務参考書として，また学生諸君の勉学の伴侶として必備の好著．

【主要目次】　共通事項（鉄筋コンクリート構造　鉄筋の種類と形状，寸法　他）　基礎の配筋　柱の配筋　はりの配筋（はり主筋の配筋要領　スターラップの配筋要領　他）　床スラブの配筋　階段の配筋　壁の配筋（壁筋と柱，はりとの取合い　他）　各部開口回りの補強配筋　増築予定部の主筋のおさめ方　壁式構造の配筋要領　補強コンクリートブロック造の配筋

---

◎本体価格の変更，品切れが生じる場合もございますので，ご了承ください．
◎書店に商品がない場合または直接ご注文の場合は下記宛にご連絡ください．
TEL.03－3233－0643　FAX.03－3233－3440　http://www.ohmsha.co.jp/

● 好評図書

## 図解 建築用語辞典（第2版）
建築用語辞典編集委員会 編　　　　　B6判　並製　440頁　**本体3200円【税別】**

建築全般の基本的な用語約6300語を収録し，わかりやすい表現で解説するとともに，図・写真・表など1100余個を駆使して基本的な概念を視覚的に把握できるように配慮した．また，従来の用語辞典と異なった中項目を要所に入れて，総合的な理解が得られるような形式を取り入れてた．第2版では，最新の法規改正にもとづいて全面改訂し，最近よく使われる新しい用語を追加した．

## 静定構造力学の解法（第2版）　　　**最新刊**
岡島孝雄 著・大村哲矢 改訂　　　　　A5判　並製　192頁　**本体2000円【税別】**

本書は，問題の解法を中心に，「静定構造力学」と「材料力学」の基本をマスターすることを目標として，基本事項の解説と豊富な演習問題（123問）を掲げ，さらに全問題の詳解を中心に解説を重ねるという反復のスタイルを採用した「習熟重視」の入門・演習書です．初めて構造力学を学ぶ学生，1級建築士，2級級建築士を目指す人にとって絶好の名著，待望の改訂版です．

## 初心者のための 鉄筋コンクリート建築の構造計算（改訂版）
佐藤 哲 著　　　　　　　　　　　　　A5判　並製　240頁　**本体2600円【税別】**

本書は，構造全体の把握から細部の計算までを，初学者にもわかるよう図・表を多用して平明に解説するとともに，主要な項目には適切な例題を掲げ，懇切な解答を付し，また練習問題により構造計算の実力が養成できるよう配慮した．学生のみなさんをはじめ，計算業務に携わる技術者・現場管理者のテキスト・参考書として好適である．

## 建築人間工学 空間デザインの原点（第2版）
岡田光正 著　　　　　　　　　　　　　B5判　並製　208頁　**本体3300円【税別】**

「日本建築学会大賞」を受賞した著者の永年にわたる講義ノートのエッセンスを集成．人間の知覚，空間の構成要素，さらには人間・群集の行動法則，人口と密度の関係に至るまで，空間デザインの手法をビジュアルに解説．第2版では，とくに少子高齢化に伴う人口問題に関し，大幅な加筆を行なった．建築系をはじめ芸術・生活系など，空間デザインにかかわる多くの方々におすすめ．

## 図説 建築の内装工事（改訂版）
髙木恒雄 著　　　　　　　　　　　　　B5判　並製　176頁　**本体2800円【税別】**

ビルディングの床・壁・天井を中心に各部の内装仕上げについて，仕上げ材料別に下地，おさまり，施工要領を，基本事項を中心に明解に図説した．施工技術者・管理者，各職方の皆さんの実務参考書として，また設計者，インテリアデザイナーの方々の参考資料として広く役立つ好著．バリアフリー，遮音，健康対策などを中心に，最近の工法に則し，全面的な改訂を行った．

## 図でみる 洋家具の歴史と様式（増補縮刷版）
中林幸夫 著　　　　　　　　　　　　　A5判　並製　288頁　**本体2800円【税別】**

古代エジプトから現代の家具まで，歴史・デザインの流れがよくわかる，最高のディテール図集．名作家具の細密画1000点を収録．縮刷版の刊行にあたり，西洋家具136点を追加，さらに別章として中国家具の章を新たに設けるなど，内容を大幅に増補．歴史資料としてもさらに充実．インテリア・建築・アート系の方々の教材・デザイン資料として絶好．

◎本体価格の変更，品切れが生じる場合もございますので，ご了承ください．
◎書店に商品がない場合または直接ご注文の場合は下記宛にご連絡ください．
TEL.03-3233-0643　FAX.03-3233-3440　http://www.ohmsha.co.jp/